Barbara Kettl-Römer & Hilke Maunder

Glücksorte in der Normandie

Fahr hin & werd glücklich

Dieses

Glücksbuch

ist für

Liebe Glücksuchende,

die Normandie ist Frankreichfans vor allem wegen ihrer Küste ein Begriff: Die Alabasterküste mit ihren weißen Klippen, die berühmten Badeorte nördlich und südwestlich von Le Havre, die Landungsstrände mit ihren Museen zum D-Day und die Felsbuchten der Halbinsel Cotentin ziehen viele Besucher an. Und natürlich die berühmteste Sehenswürdigkeit der Region: der „heilige Berg" Mont-Saint-Michel. Die Region zwischen Le Tréport und dem Mont-Saint-Michel hat uns aber auch mit der Vielfalt ihrer Landschaft bezaubert, mit dem Reichtum ihrer Geschichte und der Heimatliebe ihrer Bewohner. Selbst an viel frequentierten Orten gibt es immer wieder besondere Nischen, die uns Glücksmomente bescheren, sei es ein wilder Strandabschnitt, ein fantastischer Aussichtspunkt, ein reizendes Café oder ein verborgenes Künstleratelier.
Orte, die das Herz höherschlagen lassen, finden wir aber immer wieder auch und gerade abseits der touristischen Hauptpfade, etwa in der Normannischen Schweiz mit ihren Schluchten, Wasserfällen und bizarren Felsformationen oder in den artenreichen Sumpfgebieten des Landstrichs Bessin. Oder bei den bodenständigen Erzeugern regionaler Köstlichkeiten im Hinterland, ob sie nun Käse oder Karamell, Cidre oder Poiré, Brioches oder Kekse herstellen.
Lassen Sie sich inspirieren, gehen Sie mit uns auf Erkundungstour und genießen Sie die beglückenden Orte und Erlebnisse unserer Herzensregion, der Normandie.

Barbara Kettl-Römer und Hilke Maunder

GLÜCK

Deine Glücksorte …

… noch mehr Glück für dich

Genähtes Glück

1 Das Musée des Beaux-Arts et de la Dentelle

Kein anderes Accessoire verleiht der Kleidung so viel Eleganz und Erotik. Weder Brautkleider noch Abendroben, Haute Couture oder Streetwear können darauf verzichten: Spitze ist der Inbegriff von Sinnlichkeit, genähtes Glück. Als Mutter aller Spitzen aus Frankreich gilt der Point d'Alençon, als seine Erfinderin eine gewisse Madame de Perrières. Jene unterrichtete die jungen Damen des Ortes in einer Handarbeit, die aus Venedig und Flandern in die Kleinstadt gekommen war: die Nadelspitze. Der Finanzminister des Sonnenkönigs, Colbert, erkannte sofort das wirtschaftliche Potenzial, verwandelte 1655 die kleine Stickereischule in eine königliche Stickereimanufaktur, verhängte ein Einfuhrverbot für Spitzen und stellte die Herstellung der Nadelspitze unter Geheimhaltung. 1851 feierte der Point d'Alençon seinen größten Triumph. Auf der Londoner Weltausstellung wurde die Handarbeit aus Frankreich als „Königin der Spitze" ausgezeichnet. Heute wird sie gerne mit Perlen oder Kristallen verziert, die den Motiven noch mehr Ausdruck verleihen.

TIPP

Alençons spätgotische Kirche Notre-Dame besitzt feine Steinornamente – so filigran wie Spitze.

Noch heute fertigen zehn Frauen und ein Mann im Atelier national du Point d'Alençon vor Ort die anspruchsvollste der Nadelspitzen im staatlichen Auftrag. Wie, das verrät das Musée des Beaux-Arts et de la Dentelle in seiner sehr sinnlichen Hommage. Im Halbdunkel leuchten Spitzen in den unterschiedlichsten Mustern und Motiven in den Vitrinen. Schaupuppen tragen Kostüme und Kleider aus 4 Jahrhunderten. Sie berauschen und verzaubern beim Blick auf die Kreationen, die Designer aus reiner Freude an der Fantasie gestaltet haben.

Viel Zeit und Geduld verlangt die Herstellung ihrer Spitzen. Zehn Arbeitsschritte sind es, jeder für sich sehr filigran. Und jeden einzelnen führt Jocelyne Renault vor und erläutert ihn. Die blonde Normannin ist seit 1976 Spitzennäherin im Atelier national du Point d'Alençon. Und freut sich, wenn sie mit ihren Vorführungen eine Handarbeit lebendig hält, die seit 2010 zum immateriellen Welterbe der UNESCO gehört.

● Musée des Beaux-Arts et de la Dentelle, Cour Carrée de la Dentelle, 61000 Alençon, Tel. +33 2 33 32 40 07, https://museedentelle.cu-alencon.fr

Stilvolle Schlossromanze

2 Zu Gast im Château de Sarceaux bei Alençon

Singen! Das ist die Leidenschaft von Jacqueline. Nach jedem Dîner lädt sie dazu die Gäste in ihren Salon. Madame ist eine Markgräfin und gemeinsam mit ihrem Mann Hervé hat sie den Familiensitz der adligen Familie Gicquel des Touches in ein charmant-nostalgisches Schlosshotel verwandelt. Weit abseits vom Verkehr und alltäglicher Hektik versteckt es sich in einem 12 Hektar großen Landschaftspark mit kleinem Wald, riesigem Rasen und kleinem See, in dem sich die Fassade des einstigen Jagdschlösschens spiegelt.

1680 wurde es am Rande der Forêt d'Écouves errichtet. Das Waldgebiet, 20 Kilometer lang und gut 8 Kilometer breit, reichte einst bis an die Stadtgrenzen von Alençon. Einst war es ein beliebtes Motiv des Malers Georges Lacombe (1868–1916). Waren Fuchs und Fasan erlegt, versammelte sich die Jagdgesellschaft auf dem Château de Sarceaux, das hinter seiner schlichten Fassade die Lebensart des 18. und 19. Jahrhunderts mit Stilmöbeln, Antiquitäten und Gemälden, großen Räumen und hohen Fenstern bewahrt.

TIPP

In der Forêt d'Écouves, dem Herzstück des Naturparks Normandie-Maine, leben sehr viele Rothirsche.

Das Haus atmet Stil. Stille. Bis im Salon Stimmen zu hören sind und Hervé in aristokratischer Haltung den Apéro zelebriert: Gin, Martini, Whiskey und Co., serviert zu Käsekräckern, Radieschen und Andouillettes, dünnen Scheiben einer Innereienwurst. Jacqueline indes werkelt in der Küche. Das Menü folgt im Speisesaal mit Blick auf den Garten: Foie gras oder Lachs mit Scampi als Entrée, gefolgt von zartem Kalbfleisch an Röstkartoffeln und Karottengemüse. Auf der Käseplatte vereinen sich Kuh und Ziege in vielen Variationen. Beim Dessert streiken die ersten Gäste. Nicht, weil die normannische Apfeltarte nicht schmeckt, sondern das Mahl so manch einen überfordert. Da füllt Monsieur einen Calvados ins Glas. Als Trou normand schafft er Platz im Bauch. Und macht bereit für die Soirée nach dem Dîner. Madame la Marquise hat bereits den Klavierdeckel aufgeklappt und blättert im Notenheft. „Chanter, quel bonheur", sagt sie. „Singen Sie mit und spüren Sie dieses Glück!"

● Château de Sarceaux, 61250 Alençon-Valframbert, Tel. +33 2 33 28 85 11
www.chateau-de-sarceaux.com

Ahoi zum Minicruise!

3

Die Flussfähren Bacs de Seine

Sie sind das kleine Glück am großen Strom: die Bacs de Seine. Seit dem Mittelalter schippern diese Flussfähren am Unterlauf der Seine zwischen Rouen und Le Havre hin und her. Erst seit 1959 verbindet der Pont de Tancarville als erste Brücke beide Ufer. 1977 folgte der Pont de Brotonne. 1995 wurde nahe der Mündung bei Le Havre und Honfleur der fast 215 Meter hohe Pont de Normandie eingeweiht. Die Brücken sind beliebte Sprintstrecken. Doch die Einheimischen bevorzugen die Bacs de Seine. Wenn es nach dem Willen der französischen Behörden ginge, gäbe es diese Schiffsverbindungen gar nicht mehr. Doch die Bevölkerung wollte nicht auf die Fähren verzichten. Ihr Herz hängt an den Bacs de Seine – Brücken hin oder her.

Die Brücken stehen für die schnelle Zeit von heute, ihre Überquerung kostet teures Geld und bedeutet oft Umwege. Die Fähren sind hingegen kostenlos, nah gelegen, tief im Volk verankert und vertraute soziale Treffpunkte. Man plaudert mit Bekannten, die ebenfalls auf die Fähre warten, erfährt vom Fährmann Neuigkeiten – und genießt die kleine Seefahrt als aussichtsreiche Auszeit.

Insgesamt gibt es am Unterlauf sechs Passagen über den Strom. Im Mündungsbereich kommen zwei weitere Strecken hinzu. Jene gelten jedoch nicht mehr als Flussfahrten, sondern als maritime Fährstrecken. Die nur wenige Minuten dauernde Überfahrt eröffnet immer wieder herrliche Ausblicke auf die Klippen und Schleifen der Seine. Das ganze Tal liegt offen da und duckt sich unter dem hohen Himmel. Feederschiffe und Lastkähne gleiten vorbei. Dann hält das Schiff, öffnet die Klappe und Fahrzeuge und Fußgänger gelangen an Land. An alte Orte, die bis heute geprägt sind vom Flair der Flussschifffahrt und dazu einladen, noch zu verweilen und diesem Erbe nachzuspüren. Wie in Duclair mit seinem prächtigen Château du Taillis, dem Musée Août 44 im Ortsteil Saint-Paul und einem herrlichen Seine-Blick vom Cour du Mont, dem einstigen Klostergut der Mönche von Jumièges.

TIPP

Rouen ist berühmt für seine Entenküche. Der Canard Duclair wird dort mit Blut und Orangen zubereitet.

● Bacs de Seine, Passagen: Dieppedalle/Le Grand-Quevilly, Petit-Couronne/Val-del-la-Haye, La Bouille/Sahurs, Le Mesnil-sous-Jumièges/Yville-sur-Seine, Jumièges/Port-Jumièges, Yainville/Heurteauville sowie an der Mündung Duclair/Berville-sur-Seine und Quillebeuf/Port-Jérôme (Lillebonne)

Das Leinen-Paradies

4 Isa Lin Créations in Le Bourg-Dun

Isabelle Roulland-Raimbourg stammt aus einer Familie von Bauern, die auf den Flachsanbau spezialisiert sind. Bereits ihre Großeltern haben die Naturfaser auf dem Kreideplateau Pays de Caux gepflanzt. Auch ihre Eltern und ihr Ehemann waren *liniculteurs.* Jüngst übernahm ihre Tochter den Familienbetrieb.

Kein Wunder, dass sich auch bei Isabelle alles um Leinen dreht. Im Juli 2006 eröffnete die charmante Normannin in Le Bourg-Dun ihre Boutique Isa Lin Créations. „J'aime le lin", verrät ein großer weißer Schriftzug auf der Scheibe, „Ich liebe Leinen". Drinnen verkauft Isabelle alles aus Leinen: Tischdecken, Taschen und T-Shirts, aber auch Haushaltswäsche und Herrenbekleidung. Selbst Lebensmittel aus Leinen wie Faserleinkeimlinge, die zahlreiche gesundheitsfördernde Nährstoffe liefern, gibt es in ihrer kleinen Boutique gegenüber der Pfarrkirche des Dorfes.

TIPP

Alljährlich im Juli feiern die Dörfer der Vallée du Lin beim Festival du Lin ihre Leinen-Kultur.

Leinen ist für Isabelle ein echtes Superfood. Und als Stoff so natürlich wie kein anderer. Während Baumwolle oftmals stark mit Chemie belastet sei, gilt Leinen als sauber und nahezu unbehandelt. „Es knittert edel, ist im Winter herrlich kuschelig und im Sommer angenehm kühl", schwärmt die Ladenbesitzerin. Ihre Ware bezieht sie von französischen Lieferanten. Ein kleiner Hersteller aus Portugal beliefert sie mit Maille de Lin, feinstem Flachsgewebe von der Rolle.

Das Sortiment ergänzen eigene Kreationen. Mitten im Laden hat sie ihren Nähtisch aufgebaut. „Die Kunden lieben es, mir bei der Arbeit zuzusehen!", erzählt sie. Isabelle ist Autodidaktin. Bei ihren Entwürfen arbeitet sie mit einer Stylistin aus Saint-Valery-en-Caux zusammen. Gemeinsam gestalten sie Unikate, die die Struktur der Naturfaser betonen – edel und zurückhaltend zugleich. Ihr Bestseller ist eine Leinentasche, bedruckt mit den blauen Blüten der umliegenden Felder. Wer in den Regalen stöbert, den Stoff in den Händen fühlt, den Duft der Cremes einatmet, der merkt bald: In der Boutique lassen sich wahre Schätze entdecken und erwerben. Leinen macht glücklich!

● Isa Lin Créations, 6 Route de Dieppe, 76740 Le Bourg-Dun, Tel. +33 6 75 52 52 33
www.isalincreations.com

Runder Genuss

5 Die Fromagerie Durand in Camembert

„Miam“, würden die Franzosen sagen, glücklich die Augen schließen, nachschmecken und schwärmen: „Vraiment insolite!“ Denn einzigartig ist die Fromagerie Durand tatsächlich. Im tiefsten Pays d'Auge, einen Katzensprung vom weltberühmten Käsedorf Camembert entfernt, ist sie die letzte Käserei, die den cremigen Weichkäse noch in reiner Handarbeit herstellt. Und das nicht, wie es die EU für den Export von Käse heute fordert, aus pasteurisierter Milch, sondern ganz traditionell aus Rohmilch. Das verleiht dem Käse seine unnachahmlichen Aromen, die sich während der Reifung von jung zu alt tagtäglich verändern. Welch ein Käseglück für Genießer!

Hof und Boutique sind nicht zeitgeistig schick, sondern zeugen von der Arbeit, die im Käse steckt. Infotafeln an den Wänden und Fenster, die Blicke in die Käserei eröffnen, gewähren auch außerhalb der Öffnungszeiten Einblicke in die Herstellung des Käses, der ein Kind der Französischen Revolution ist.

TIPP

Alles rund um den berühmten Käse erzählt die Maison du Camembert – samt Verkostung!

Als seine Erfinderin gilt Marie Harel. Die Bäuerin hatte 1791 den rebellischen Priester Charles-Jean Bonvoust aus der Region Brie bei Paris, wo der gleichnamige Käse hergestellt wird, bei sich versteckt. Zum Dank unterrichtete der Geistliche die Bäuerin in der Kunst des Käsemachens. Sie probierten und experimentierten. 1793 gelang es ihnen schließlich, den einfachen Käse, den die normannischen Bauern bereits seit dem 11. Jahrhundert herstellten, in eine echte Delikatesse zu verwandeln. Berühmt wurde der Camembert, als der Enkel von Marie Harel bei der Einweihung der Eisenbahnlinie zwischen Paris und Granville beim Halt in Surdon dem mitreisenden Kaiser den kostbaren Käse anbot. Napoleon III. war begeistert. Oder vielmehr geradezu süchtig nach dem Käse. Der Kaiser ließ ihn einst all seinen Gästen servieren – und wäre heute bestimmt Stammkunde der Fromagerie Durand.

● Fromagerie Durand, La Héronnière, 61120 Camembert, Tel. +33 2 33 39 08 08
www.camembertdurand.fr

AU LAIT CRU
Fabriqué à
CAMEMBERT
Poids Net
à l'emballage :
200 g
SCEA DURAND

Alles am Fluss

6 Die Seine-Promenade von Caudebec-en-Caux

Nur wenige Stellen am Unterlauf der Seine eignen sich für einen gemütlichen Spaziergang entlang des Nordufers. Oft sind die Strecken am Fluss nur so lang wie das eigentliche Ortszentrum. Doch in Caudebec-en-Caux beginnt eine Straße, die erst als Promenade, dann als asphaltierter Rad- und Wanderweg bis ins 5 Kilometer entfernte Villequier führt. Schöner lässt sich die Seine kaum erlaufen!

Caudebec-en-Caux ist eine uralte Keltensiedlung. „Caldebec" hatten die Kelten ihre Siedlung genannt, floss hier doch der Ambion kalt und klar in die Seine. Etwas weiter östlich mündet die Sainte-Gertrude ebenfalls in die Seine. Zwischen beiden Bächen hat die Stadt vor wenigen Jahren die Promenade Bord de Seine angelegt – nicht schnurgerade, sondern leicht gewellt Richtung Stadt. Entlang einer Minigolfanlage, eines Spielplatzes und mediterran inspirierter Gärten flaniert man vorbei an Anlegern, an denen Lastkähne, Ausflugsboote und Flusskreuzfahrtschiffe festmachen, hin zum MuséoSeine. Hinter seiner Holzfassade erzählt das Seine-Museum die Geschichte des Stroms, seiner Menschen und seiner Landschaften von der Antike bis zur Gegenwart.

Bis in die 1960er-Jahre fürchteten sich die Anwohner vor dem Mascaret, der riesigen Gezeitenwelle der Seine-Mündung. Mehr als 2 Meter hoch rollte die Welle mit hoher Geschwindigkeit den Fluss hinauf und riss alles mit, was sich ihr in den Weg stellte. Nicht selten wurden auch unvorsichtige Zuschauer von den Wassermassen fortgeschwemmt, wenn sie versuchten, das Geschehen vom Kai aus zu beobachten. Doch seit dem Aufstauen der Flussmündung ist dieses spektakuläre Phänomen verschwunden.

So kann man heute ganz beruhigt und entspannt an der Seine flussabwärts flanieren und den Blick schweifen lassen – hin zum Pont de Brotonne, der seit 1977 als eine der drei Brücken am Unterlauf hinüber ans andere Ufer führt, wo Graureiher waten. In der Ferne erblickt man Seeschiffe, die auf Le Havre zusteuern, das Tor zum Ozean.

● Seine-Promenade, 76490 Caudebec-en-Caux

Die Fachwerkburg

7

Das Château de Crèvecœur im Pays d'Auge

Nahezu unversehrt ist sie und nur eine einzige Brücke führt hinein: Zwischen Caen und Lisieux hat das Château de Crèvecœur im Herzen des Pays d'Auge seine mittelalterliche Anlage als herrschaftlicher Gutshof bis heute bewahrt. Bis ins 11. Jahrhundert reichen seine Wurzeln. Das Staunen beginnt bereits am Torhaus mit seinem Schachbrettmuster aus hellem und dunklem Stein. Ein sandiger Weg führt über den Wassergraben, der die gesamte Anlage umgibt, hin zur Basse Cour. Der untere Burghof birgt im Herzen eine große Wiese, auf der einst das Vieh weidete. Am Rand sind sämtliche Wirtschaftsgebäude der Burg im Ring vereint: ein großes Bauernhaus samt benachbarter Scheune, eine kleine Kapelle aus dem 17. Jahrhundert und ein Taubenhaus für 1500 Vögel. Allesamt sind sie aus Fachwerk errichtet mit dunklem Holz und goldgelben Fächern aus Lehm. Wuchtige, hohe Mauern und ein weiterer Wassergraben schützen die Haute Cour, den kleineren, oberen Burghof, mit der Fachwerkresidenz des Gutsherrn und tiefen Brunnen neben einer ausladenden Platane. Jenseits des Wassergrabens der Basse Cour erstreckt sich eine Streuobstwiese, auf der 26 heimische Apfelsorten wachsen. Im Herbst biegen sich die Äste der uralten Bäume unter der Last ihrer saftigen Früchte und berühren die Blumen im Gras. Altes Fachwerk und duftende Äpfel, die wundervolle Quintessenz der Normandie. Bereits dieses Duo macht die Fachwerkburg zum Glücksort, den man nicht wieder verlassen möchte.

TIPP

Lohnenswert ist auch ein Besuch des schön angelegten Gartens Les Jardins du Pays d'Auge in Cambremer.

Doch dann würde man das Musée Schlumberger verpassen, das in Bauernhof und Scheune des Basse Cour mit liebevoll gestalteten Schauräumen Leben und Arbeit im Mittelalter vorstellt. Hautnah erleben lässt sich jene Zeit alljährlich im Sommer bei den Médiévales. Mehr als 60 kostümierte Schauspieler inszenieren 8 Tage lang den Alltag von Crèvecœur wie im 15. Jahrhundert. Dann messen sich furchtlose Ritter bei Lanzengefechten, die Taverne lädt zum Festmahl und Troubadoure, Gaukler und Feuerschlucker sorgen für eine magische Atmosphäre.

● Fondation Musée Schlumberger, Château de Crèvecœur,
14340 Crèvecœur-en-Auge, Tel. +33 2 31 63 02 45
www.chateaudecrevecoeur.com

Jedem die Seine

8 Das Panorama von Barneville

Im Nordwesten des normannischen Département Eure erstreckt sich die Landschaft Roumois. Früher bedeckten tiefe Wälder das sanft gewellte Land, später Felder mit Flachs, aus denen Leinen gesponnen wurde. In drei großen Schleifen hat sich die Seine in das Plateau gefräst. Genau in der Mitte dieses großen Mäanders liegt auf einer Hügelkette das alte Dorf Barneville. Dort, wo die Bäume den Blick freigeben auf den Fluss, errichtete François Le Menu de La Noë 1708 sein Château d'Yville. Die barocke Residenz ist im Privatbesitz und nicht zugänglich. Den atemberaubenden Blick über die Seine kann heute jedoch jedermann genießen – vom Panorama de Barneville. Die schier unendliche Weite verleiht der Seele Flügel und lässt die Augen staunen. Wie ein riesiges Wimmelbild liegt das Seinetal zu Füßen: Von Caudebec-en-Caux im Westen, wo sich bereits der Einfluss der Gezeiten bemerkbar macht und der Pont de Brotonne den Fluss überspannt, bis nach Canteleu vor den Toren von Rouen reicht die freie Sicht. Auf dieser Seite des Flusses sind die letzten Überreste des einst riesigen Waldes Forêt de Brotonne erhalten, die heute der regionale Naturpark Boucles de la Seine Normande schützt. Auf der anderen Flussseite erhebt sich das Kreideplateau Pays de Caux. Dort gibt es noch die typisch normannischen Clos-masures zu entdecken, kleine Bauernhöfe mit reetgedeckten Wohnhäusern, Streuobstwiesen und niedrigen Hecken, die die Grundstücke umschließen. Aus dem Grün ragen Kirchtürme empor – im Norden die Ruine der Abteikirche von Jumièges, im Nordosten die schwarze Spitze der Abtei Saint-Martin-de-Boscherville.

140 Meter hoch liegt dieser Aussichtspunkt von Barneville. Nur wenige kennen diesen besonderen Ort. Wer von ihm weiß, kommt meist mit Gepäck. 10 Meter vom Parkplatz entfernt starten Wagemutige gen Norden und Nordosten zu Gleitschirmflügen und lassen sich von der Thermik entlang der Steilklippen tragen. Ein Ausblick, der das Herz erfreut!

TIPP

In Hauville ist eine der steinernen Windmühlen erhalten, die sich einst im Seinetal drehten.

● Panorama de Barneville, 2 Le Chemin des Côtes, 27310 Barneville-sur-Seine

Glück in Schwarz-Gelb

9 Moules Frites im Strandlokal La Frite d'Or

Im Rücken die weißen Kreideklippen der Alabasterküste, der Blick aufs Meer gerichtet. Vor den Füßen: der breite Kieselstrand von Saint-Jouin-Bruneval, der bei Ebbe sogar einen kleinen Sandstreifen zeigt. Fast nur Einheimische kennen dieses versteckte Juwel. Sie würdigen den Kai von Cap d'Antifer, der Supertanker von bis zu 600.000 Tonnen aufnehmen kann, kaum eines Blickes. Sondern kennen nur ein Ziel: das Strandlokal La Frite d'Or von Florence Delacotte. Nur einen Steinwurf entfernt von Frankreichs zweitgrößtem Ölhafen schlemmen sie im besten Muschelrestaurant der nördlichen Normandie.
Hier sind die Fritten so knusprig und golden, wie der Name des Lokals es verspricht. In der Normandie paaren sie sich an der Küste traditionell mit *moules*, frischen schwarzen Miesmuscheln mit gelb-orange leuchtendem Fleisch. Seit Hunderten von Jahren sind sie fest in der Küche der Normandie verankert. Dort werden sie nicht nur aus dem Meer gefischt, sondern auch an Stangen, sogenannten Bouchots, bereits seit dem Jahr 1235 gezüchtet.
Das Küstenmahl Moules Frites dekliniert Florence Delacotte in vielen verführerischen Variationen. Beim Klassiker Moules Marinières garen die Muscheln in einer Brühe aus Weißwein, Essig, Zwiebeln und Petersilie. Dieses Grundgericht ist so köstlich wie kalorienarm. Doch in der Normandie liebt man Sahne und Cidre. Das macht die Muscheln zu einer opulenten Mahlzeit. Für die Moules Normande ersetzt Crème fraîche den Essig, bei den Moules Cidre wandern neben Apfelwein noch Schinkenstreifen in die Soße. Gerne kombiniert Madame Delacotte auch den Grundmix für Moules Frites mit Käse. Bei den Moules Roquefort mit Blauschimmelkäse, bei den Moules Boursin mit Kräuterfrischkäse. Und natürlich stets mit Crème fraîche. Exotischer sind ihre Moules à l'espagnole, wo die Meeresfrucht sich mit Chorizo und Tomaten paart. Bei den Moules Curry sorgt die indische Gewürzmischung für eine exotische Note. Und jedes Muschelgericht für satte, glückliche Zufriedenheit am Klippenstrand.

TIPP

Der Marsch nach dem Mahl sollte zum Belvédère führen – mit Weitblick auf die Bucht!

● La Frite d'Or, Plage, 76280 Saint-Jouin-Bruneval, Tel. +33 2 35 20 26 14
www.restaurant-la-frite-d-or.webnode.fr

Central

Mastenkonzert

10

Die Promenade Maritime von Deauville

770 Meter ist er lang, der Wellenbrecher aus Granit an der Einfahrt zum Hafen von Deauville, dem mondänsten Seebad der Blumenküste. Bis zu 16 Meter beträgt dort der Tidenhub am Ärmelkanal und ist Taktgeber für alle Skipper, die den Port des Marinas de Deauville anlaufen. Die Einfahrt ist eine Passage zwischen zwei Welten. Backbord grüßt Trouville mit seinen alten Gassen, die den Hang emporklettern. Steuerbords geht es auf dem kleinen Küstenfluss Touques hin zum Vieux Port de Deauville. Schnittige Jachten von Bénéteau sind dort vertäut, Seglerträume in Frankreichs Nationalfarben Blau-Weiß-Rot. Zwei schwarz-weiß geringelte Türme markieren die Schleuse zum Innenhafen. Daneben residiert seit 1928 der Deauville Yacht Club. Dann spiegelt sich das Casino im Hafenbecken. Von den Arbeitshemden der Fischer ließ sich einst Coco Chanel zu ihrem Streifenshirt La Marinière inspirieren.

TIPP

Immer auf der Kante: Der Strand von Deauville ist bei Ebbe Bühne der Strandsegler.

Mitte der 1970er-Jahre platzte der alte Hafen aus allen Nähten. Ein neuer Hafen musste her. Jacques Labor und Jean-Jacques Orzinie setzten ihn als privaten Hafen für 900 Boote in die Mündung der Touques. Hellblau, Gelb und Rosa leuchten die Fassaden der Feriendomizile. Wenig weiter sind sie typisch nordisch mit Holz verkleidet – eine Hommage an die Nordmannen, die der Normandie ihren Namen gaben. 845 n. Chr. waren die Wikinger eingefallen und hatten das Land erobert.

Boot und Bett trennen im Port Deauville nur wenige Meter. Vor der Haustür liegt der Sandstrand von Deauville mit seinen Sonnenschirmen und den Planches. Auf diesem 643 Meter langen Laufsteg am Meer flanierten einst Hollywoodgrößen wie Harrison Ford, Burt Lancaster oder Kirk Douglas, die zum Festival des amerikanischen Films nach Deauville gekommen waren. Ihre Kabinen sind heute der Startpunkt einer Promenade Maritime, die vom Strand zum Dünengarten und zu den Häfen der Stadt als Bummelmeile bis zum Pont des Belges führt. Das Konzert der vielen Masten begleitet die maritime Bummelei und bringt den Weg zum Klingen. So klingt Seefahrt!

● Promenade Maritime, 14800 Deauville

Gucken und genießen

11 Im Café des Tribunaux in Dieppe

Ein Besuch des Café des Tribunaux gehört für die Einheimischen genauso dazu wie für Touristen. Seit 4 Jahrhunderten verabredet man sich hier mit der Familie, mit Freunden oder mit Kollegen, manchmal für einen Drink auf der Terrasse, manchmal zum Mittagessen. Und freut sich, dass das Café keine Zeitgeist-Moden kennt, sondern beständig bodenständig geblieben ist: vom Kabeljau bis zum Calvados, vom Rindersteak bis zum Rémy Martin.

Unter dem Treppengiebel des Traditionshauses nehmen die Tische und Stühle das gesamte Trottoir der kleinen Place du Puits Salé ein. Die Luft ist erfüllt von Gelächter und Gesprächen. Gleich neben der großen Terrasse erhebt sich der Namensgeber des kleinen Platzes, in den sechs Straßen einmünden. Einst befand sich dort ein Brunnen, der nur salziges Brackwasser lieferte. Heute schmückt den Granitbrunnen ein reicher Blumenflor und eine Segelschiff-Skulptur reckt sich in den blauen Himmel. Passanten flanieren vorbei, bleiben stehen und schauen: das Café des Tribunaux ist eine Institution. Und vor allem der Ort in Dieppe, um zu sehen und gesehen zu werden!

TIPP

Das Restaurant Tout Va Bien serviert Rochen, Dorsch und Wolfsbarsch an der Hafenpromenade.

Auch der britische Maler Walter Richard Sickert (1860–1942) erlebte im Les Tribs glückliche Stunden. In den 1890er-Jahren verbrachte Sickert seine Sommer in der französischen Hafenstadt und von 1896 bis 1905 lebte er sogar dauerhaft in Dieppe. 1890 stellte er seine Staffelei genau dort vor dem Café auf und malte die Szenerie – samt Friseurschild in englischer Sprache auf der rechten Seite. Sickerts Gemälde hängt heute in der Londoner Tate Gallery – als 67 mal 50 Zentimeter großes Meisterwerk, das Impressionismus und französischen Realismus in einer sehr persönlichen Hommage an das berühmte Café vereint.

Der schönste Platz ist auf der Terrasse des Traditionshauses, wo im Sommer auch Livekonzerte stattfinden. Doch auch das Innere ist gemütlich – besonders an den kleinen Tischen der umlaufenden Galerie, wo man ungestört genießen und gucken kann.

- Café des Tribunaux, 1 Place du Puits Salé, 76200 Dieppe, Tel. +33 2 32 14 44 65 www.cafe-des-tribunaux-restaurant-dieppe.fr
- ÖPNV: Bahnhof Dieppe, von dort 9 Minuten zu Fuß

Café des Tribunaux
Tribunaux

Kraftort mit Ausblick

12 Die Kapelle Notre-Dame-de-la-Garde in Étretat

Weite atmen! Von oben hinabblicken. Auf einen langen, hellen Kieselstrand, der an einem Felskap endet, das aussieht, als halte ein weißer Elefant seinen Rüssel ins Meer. Dann den Blick schweifen lassen hin zum Hinterland mit seinen sanft gewellten Wiesen und Weiden, seinen Feldern und Fachwerkhäusern, die sich an die Bucht schmiegen, und die breite Promenade entlang. Und dann den Blick gen Westen wenden, wo Tausende Kilometer weiter Nordamerika läge. So im Gras sitzen, den Rücken angelehnt an eine Kapelle, wettergegerbt und sturmerprobt. Nur 50 Meter von den steilen Klippen der Alabasterküste entfernt, erhebt sich seit mehr als 125 Jahren die Kapelle Notre-Dame-de-la-Garde auf der Falaise d'Amont.

Der Ortspfarrer von Étretat, Père Michel, hatte 1854 seine Schäfchen von der Kanzel herab aufgefordert, für die auf See verschollenen Seeleute eine Kapelle zu errichten und sie der Heiligen Jungfrau zu weihen. Mit bloßen Händen packten die Einwohner des Ortes den Bau an, schleppten Stein um Stein den schweren Granit zu Fuß den rund 80 Meter hohen Steilhang hinauf. Und weihten am 6. August 1856 die kleine Klippenkirche ein. Finanziert wurde der Bau von den Einnahmen aus dem aufkeimenden Tourismus. Maler und Literaten hatten Étretat als Sujet für ihre Bilder entdeckt und das Örtchen berühmt gemacht.

TIPP
An der Kapelle vorbei führt der Küstenwanderweg Sentier des Douaniers via Yport nach Fécamp.

Ein sandiger Saumpfad führt am Ende der Strandpromenade hinauf zur Kapelle. Als deutsche Besatzungstruppen sie 1942 zerstörten, bauten der Architekt Arthur Giraudet aus Rouen und der dortige Unternehmer Lanfry sie im Stil der Neogotik wieder auf – mit Naturstein und einem Dach aus Schiefer, das an einen umgedrehten Schiffsrumpf erinnert. Wasserspeier, die Fischköpfen ähneln, leiten den Regen ab. Am 22. August 1950 weihte der Erzbischof Joseph-Marie Martin das kleine Gotteshaus, das heute im Privatbesitz ist. Welch ein Glück, dass man dennoch hinaufwandern und so den Besuch von Étretat mit grandiosen Aussichten auf den Ort und die Klippenküste beginnen darf!

- Chapelle Notre-Dame-de-la-Garde auf der Falaise d'Amont, 76790 Étretat

Nostalgie unter Segeln

13 Unterwegs auf Mil'Pat und Tante Fine in Fécamp

Blau leuchtet die Mil'Pat zwischen Hunderten weißer Jachten am Steg von Fécamp. Ein verschmitzter Skipper mit eindrucksvollem langem Schnauzbart, der an Land Lionel heißt, an Bord aber nur Asterix genannt werden will, führt das Kommando. „Leinen los", ruft er seiner Mannschaft zu und startet den Motor. Leise tuckert die Mil'Pat an der hölzernen Hafenpier und dem geringelten Leuchtturm vorbei hinaus aufs Meer. „Segel setzen", schreit Asterix gegen den Wind. Drei Matrosen lösen die Laschen. Zu zweit hissen Zachari und Mathilde, die einzigen Matrosen an Bord, das Großsegel. Schweiß perlt. „Los, packt mit an!", fordert Asterix nun die Gäste auf, die beim Ausflug entlang der Alabasterküste des Pays de Caux mit dabei sind.

Seefahrt hautnah: Das macht die Segeltörns der Association Fécampoise du Développement des Activités Maritimes (AFDAM) so besonders. Der Verein, der sich in Fécamp dem lebendigen Seefahrtserbe verschrieben hat, restauriert lokale Schiffsveteranen und bringt sie zurück in den Dienst. Landratten und Freizeitskipper können Segel hissen, das Deck schrubben und festmachen – wahlweise fur wenige Stunden oder gleich mehrere Tage. Wer eine Auszeit braucht, darf sich unterm Klüverbaum ins Netz legen und eine traumhafte Pause schwebend über dem Meer genießen.

TIPP
Die Geschichte der Neufundlandfischer präsentiert das Seefahrtsmuseum Les Pêcheries in Fécamp.

Der 22 Meter lange Langustenfänger Michel & Patrick, von der Crew liebevoll Mil'Pat genannt, gehört seit 2009 zur Flotte des Vereins. Das 1962 erbaute Holzschiff schipperte bis 1988 in der Irischen See, diente anschließend als Taucherboot und wurde ab 2001 von Ehrenamtlichen originalgetreu restauriert.

Mehr als 1000 Arbeitsstunden brauchten Asterix und Co., ehe die 26 Meter lange Tante Fine wieder seetauglich war. Das zweite Vereinsschiff, 1960 in Plouhinec gebaut, war lange Zeit vor den Küsten Mauretaniens und am Golfe de Gascogne zum Langustenfischen unterwegs gewesen. Heute startet es ebenfalls zu Nostalgietörns.

- AFDAM, 39 Quai Bérigny, 76400 Fécamp, Tel. +33 2 27 30 67 53, www.afdam.com
- ÖPNV: Bahnhof Fécamp, von dort 5 Minuten zu Fuß

Wald voller Wunder

14

Die Forêt d'Eawy

Der Wald von Eawy ist einer der großen Wälder des Pays de Bray in der Normandie. 6550 Hektar groß erstreckt er sich auf einem alten Kreiderücken zwischen den Gemeinden Saint-Saëns und Dampierre-Saint-Nicolas, etwa 20 Kilometer südöstlich von Dieppe. Kein einziger Wasserlauf durchquert das Grün und doch ist die Erde feucht und kühl. Der Feuersteinlehm, der die Kreide bedeckt, hält das Wasser im Boden. Der Wald steckt voller Wunder. Einst wuchsen nur Eichen in der Forêt d'Eawy und die normannischen Könige jagten dort Reh und Hirsch. Aus dem Holz der alten Eichen fertigten Tischler große, luxuriöse Truhen, die besonders beim Adel beliebt waren. Zusammengehalten wurden die sogenannten huches nur durch Zapfen. Keine Schraube, kein Nagel wurden bei ihrem Bau verwendet!

TIPP

Im Wald sind erstaunliche carcahoux erhalten, Hütten der Holzfäller aus Ästen, Erde und Laub.

Im 19. Jahrhundert verwandelten die Förster die Forêt d'Eawy in einen Buchenwald. Bis zu 30 Meter hoch ragen die Bäume in den normannischen Himmel. Auf ihren Stämmen wachsen Baumperlen und Hexeneier. Wird die Rinde der Buche verletzt, beispielsweise durch Verbiss, kapselt sie auf der Rinde die Bakterien ab und schließt sie ein. So entstehen Pickel, die zu Kugeln werden und anschließend abfallen.

Mitten durch den Wald zieht sich die Allée des Limousins: 14 Kilometer lang und 20 bis 30 Meter breit ist diese gewaltige Schneise, die Gabriel de Limoges im 16. Jahrhundert anlegen ließ. Voller Geheimnisse steckt auch die Höhle Puits Merveilleux nordöstlich des Dorfes Saint-Saëns. Am Boden eines kleinen Kessels eröffnet ein Loch 28 Meter tief den Blick ins Innere der Erde. Niemand weiß, ob die Natur dort einen Schlund in den Karst gegraben hat oder der Hohlraum von Menschenhand gefertigt wurde.

Kein Verkehrslärm stört die Stille des Waldes. Umso intensiver ist die Stimme der Natur. Spechte klopfen, Waldtauben gurren. Insekten tanzen im Gegenlicht. Beim Gehen raschelt das Laub. Im Unterholz knackt ein Ast. Jeder Schritt schärft die Sinne. Kreuz und quer durchziehen Wanderwege diesen Wald voller Wunder.

● Forêt d'Eawy, ca. 20 Kilometer südöstlich von 76200 Dieppe

Die Magie des Töpferns

15 Das Atelier Terre de Bray in Gaillefontaine

Erde, Wasser und Feuer: Töpfern hat etwas Magisches an sich. Und ist tief verwurzelt im Pays de Bray, wo in Gaillefontaine seit 2008 der Verein Terre de Bray mit ehrenamtlichen Unterstützern die große Tradition des Landstrichs mit Töpferkursen und Animationen lebendig hält. Bereits der Name des alten Bauernlandes verrät, was in der Erde steckt: „Bray“ ist keltischen Ursprungs und bezeichnet ein feuchtes Land, dessen Lehmboden Wasser speichert und geknetet werden kann. Unter den Karolingern stieg das Pays de Bray zu einem Zentrum für Steingut und Keramik auf. Töpfer aus Aumale, Forges-les-Eaux, Martincamp und weiteren kleinen Orten stellten dort Gegenstände für den häuslichen Bedarf her: Schalen und Schüsseln, Tassen und Buttertöpfe, Krüge für Bier und Kannen für Apfelwein.

TIPP

Die Geschichte der Töpferei des Pays de Bray präsentiert das Musée Mathon-Durand in Neufchâtelen-Bray.

Heute halten Nathalie, Christiane, Isabelle, Jacques und Joseph die Töpfertradition lebendig. Bei Einführungskursen vermitteln sie die Techniken des Drehens, Modellierens, Glasierens und Brennens. Für alle, die bereits töpfern können, bietet das Atelier mit echten Profis ihres Fachs sogenannte *stages* an, Kurse, die helfen, die eigene Technik an einem oder mehreren Tagen zu perfektionieren.

Gemeinsam zu töpfern, sich zu versenken in die eigene Arbeit, die Synergie von Geist und Körper zu spüren und der Kreativität freien Lauf zu lassen, während das eigene Werk Form annimmt: Still und leise nimmt das Glück alle Sinne in Besitz und mündet im Stolz, mit den eigenen Händen etwas Schönes geschaffen zu haben.

Was die Mitglieder von Terre de Bray so fertigen, zeigt der kleine Ausstellungsraum der Töpferwerkstatt. Zwischen Terrinen für den Teurgoule-Milchreis, Tellern fürs Sonntagshuhn und Diable-à-Feu-Töpfen fürs Garen von Gemüse bei Niedrigtemperatur finden sich auch Büsten, Skulpturen und überraschende, experimentelle Kreationen. Alljährlich Mitte Juni verlässt der Verein sein Atelier und zieht in die halb offene Markthalle gegenüber: Dann lädt Gaillefontaine zum großen Bauern- und Kunsthandwerkermarkt.

● Atelier Terre de Bray, 43 Grande Rue, 76870 Gaillefontaine, Tel. +33 2 35 90 73 65
www.terre-de-bray.com

Die Seerosen des Malers

16 Das Anwesen von Monet in Giverny

Genau hier entstanden die weltberühmten Seerosenbilder – im verwunschenen Garten des impressionistischen Malerfürsten Claude Monet, der 1883 während einer Zugfahrt in Giverny haltmachte. Und für 43 Jahre blieb. Nach vielen Umzügen und Reisen war er angekommen, hatte Ruhe, Inspiration und sein Glück gefunden.

Giverny war damals noch ein richtiges Bauerndorf. 1890 kaufte er dort eine alte Apfelpresse. Zum Anwesen gehörte ein verwilderter Obstgarten, den er in ein üppig duftendes Blütenmeer verwandelte. 1893 erweiterte Monet den Garten, den mittlerweile sechs Gärtner pflegten, um ein Stückchen Land am Ru, einem Seitenarm der Epte. Auch hier formte der Maler die Motive seiner Werke in der Natur vor. Sein Schmuckstück wurde ein Wassergarten mit einer japanischen Holzbrücke und perlmuttschimmernden Seerosen. Auf monumentalen Seerosenbildern, die heute im Musée de l'Orangerie in Paris zu sehen sind, hat er ihre Schönheit verewigt. Immer neue Motive fand Monet im Laufe der Jahreszeiten in seinem Garten. Er malte die von Glyzinien in Weiß und Blau umrahmte Brücke und liebte die Kletterrosen. Bis heute rankt die scharlachrote Rose Paul's Scarlet Climber an den von Monet selbst entworfenen Rankgittern empor. Welch ein Rausch an Farben!

Auch sein Wohnhaus, dessen rosa-weiße Fassade grüner Efeu fast völlig erobert hat, lässt Monets Liebe zur Natur und zur Farbe erahnen. Gelb leuchten die Wände, türkisblau die Türen. Auf Sessel und Sofa ranken Rosen. Groß öffnen Fenster im Salon den Blick auf den Garten. Fast scheint es, als sei der Maler nur kurz einmal fortgegangen.

Bereits zu seinen Lebzeiten strömte die Pariser Gesellschaft nach Giverny. Heute spazieren Jahr für Jahr mehr als eine halbe Million Besucher aus aller Welt durch das botanische Kunstwerk und entdecken hier die Wurzeln seines Schaffens. Wer einen Moment des Glücks in Monets Garten spüren will, sollte das Anwesen daher außerhalb der Saison und möglichst früh besuchen.

TIPP

Monet logierte anfangs in der Pension Au Bon Maréchal, einer gemütlichen Bleibe mit drei Zimmern.

- Maison et Jardins Claude Monet, Fondation Claude Monet, 84 Rue Claude Monet, 27620 Giverny, Tel. +33 2 32 51 28 21, www.fondation-monet.com
- ÖPNV: Busshuttle vom Bahnhof Vernon zum Museum

Schlemmen im Verein

17 La Cantine von Harfleur

Harfleur. Eine einst blühende Handelsstadt, die ihren Hafen im 15. Jahrhundert ans benachbarte Le Havre verlor. Von der Finanzkrise 2009 gebeutelt. Mit grauen Fassaden. Und immer mehr Läden, die schlossen. So sahen Marine Bénard und Morgane Dumesnil die alte Seine-Stadt, als sie 2011 dort ankamen. Und beschlossen, wenigstens im Kleinen einen Ort zu schaffen, der allen, die dort vorbeikommen, kleine Glücksmomente beschert. Sie nannten ihn: La Cantine.
Noch im gleichen Jahr eröffneten sie ihre „Kantine" in einer ehemaligen Crêperie. In knalligem Rot leuchtete die Fassade aus dem Grau ringsum heraus. Grün die Fenster, gelb die Klappstühle auf dem Trottoir. Große Pilze tummeln sich auf der Eingangstür. Drinnen sieht es genauso bunt und fröhlich aus. Der Stilmix sorgt sofort für gute Laune. Kaum ein Stuhl, der sich gleicht. Kaum ein Tisch mit einer ähnlichen Tischdecke. Blumen zieren die Türen, Teller und Tassen.
„Restaurant associatif" informiert die Speisekarte. Das heißt nicht, dass nur Mitglieder dort essen und trinken dürfen, sondern dass der Betreiber dieser so herrlich ungewöhnlichen Kantine ein Verein ist, der sich als alternativer Kulturträger für den Stadtteil engagiert. La Cantine organisiert Lesungen, Konzerte und Ausstellungen, kauft bei lokalen Produzenten – und verwöhnt seine Gäste mit einem täglich wechselnden Menü aus frischen, lokalen Zutaten. Hinzu kommt eine gehörige Portion Kreativität, die sich in der Küche austoben darf und für Auge und Gaumen immer wieder für Entzücken sorgt. Und kommt die Rechnung, fällt sie so niedrig aus, dass man gerne noch einen Euro hinzugibt, um La Cantine in ihren Zielen zu unterstützen.
Mehr als 10 Jahre sind seit dem Start vergangen. Seitdem ist Harfleur sichtlich wieder erblüht. Neue Läden eröffneten. Fassaden wurden gestrichen, Häuser saniert. Die Stadt an der Lézarde, die mitten hindurchfließt, beginnt wieder zu leben. Kleine Initiativen können Großes bewirken. La Cantine ist ein Glücksfall für Harfleur!

- La Cantine, 6 Place Victor Hugo, 76700 Harfleur, Tel. +33 6 16 73 59 61 https://lacantine.metro.rest/
- ÖPNV: Bahnhof Harfleur, von dort 9 Minuten zu Fuß

Träumerei am Kai

18

Die Hafenstadt Honfleur an der Blumenküste

Hohe, schmale Häuser, die Fassaden und Dächer mit Schiefer gedeckt. Leuchtend rot blühen Geranien in Blumenkästen. Auf dem Kopfsteinpflaster der Kais laden Cafés, Bars und Restaurants zur genussvollen Pause ein. Eine Malerin hat ihre Staffelei zwischen die Poller gestellt und fängt die Szenerie in zarter Gouache ein. Laut gellend schnappen die Möwen nach den Resten, die ein Fischer ins Meer wirft. Dann spielt ein Straßenmusikant auf. Der Vieux-Port von Honfleur lässt die Augen leuchten: Eindrücke, die man nicht vergisst. Hinein ins Postkartenidyll und sich treiben lassen beim Flanieren und Träumen!
Zur Seeseite bewacht das alte Stadttor La Lieutenance die Einfahrt. Der Sonnenkönig Ludwig XIV. hatte den Bau des Hafens beauftragt – und als Sitz seines königlichen Statthalters die letzten Überreste der Festungsanlage gewählt. Die große Glocke im Turm signalisierte einst den Beginn der Sperrstunde und schlug bei Gefahr Alarm. Die malerische Lage der Lieutenance hat viele Künstler inspiriert. Auch Eugène Boudin, Maler aus Honfleur und Lehrer von Monet, bannte sie auf die Leinwand.
Hinter den Dächern am Kai ragt seit dem 15. Jahrhundert die Spitze der Église Sainte-Catherine auf – als schindelverkleideter Solitär mit reichlich Abstand zur größten Holzkirche des Landes. Samstags drängen sich die Stände des Wochenmarktes auf dem Kirchplatz. Jetzt ist es Zeit für einen *petit noir,* einen schwarzen Koffeinkick, in einem der Cafés am Platz. Danach locken die Maisons Satie. Mit surrealistischen Installationen erinnert dieses Museum an den Avantgarde-Komponisten Erik Satie. Auf der anderen Hafenseite lädt das Quartier de l'Enclos mit engen Gassen, alten Speichern und zwei weiteren Museen ein, die Zeitreise zu verlängern. Das Musée de la Marine ist eine Schatztruhe der Seefahrtgeschichte. Das Musée d'Ethnographie verrät mit Trachten und Möbeln, wie das Leben einst in Honfleur verlief. Was dort zu sehen ist, lässt beim Träumen am Kai jene Zeiten in der Fantasie wieder lebendig werden.

TIPP

Besonders schön erhalten ist die Rue de Lingots mit ihrem Kopfsteinpflaster und den Holzfassaden.

● 14600 Honfleur

Äpfel und Lavendel

19

Im Klostergarten Saint-Georges de Boscherville

Bitte einmal die Augen schließen und tief einatmen! Warm, sinnlich und beruhigend erobert der Duft die Sinne, weckt Erinnerungen an Omas Leinenwäsche, zwischen denen kleine Säckchen lagen, die die Motten vertrieben. Und an die Provence, deren Seele er ist: echter Lavendel. Blaulila bedeckt der sanfte Schmeichler den Klostergarten der Abtei Saint-Georges de Boscherville. Dieses Kraut könne Dämonen vertreiben, glaubten einst die Menschen im Mittelalter. Die Mönche des normannischen Benediktinerklosters indes kannten die Heilkräfte des echten Lavendels. Sie holten die Aromapflanze aus dem mediterranen Süden zu sich ins Seinetal.

1114 hatten die Benediktiner die Überbleibsel eines älteren Augustinerklosters übernommen. Sie errichteten 1255 eine prachtvolle Abteikirche, die als Meisterwerk der Romanik gilt, und legten hinter ihrem Mönchshaus einen Küchen- und Heilgarten an, der die Klosterküche und Klosterapotheke versorgte.

Im Laufe der Jahrhunderte wandelte sich die Gartenarchitektur, passte sich den Moden der Zeit an – und präsentiert sich heute als ein 4 Hektar großer Gartentraum mit grünem Kreuzgang und akkurat geschnittenen Buchsbaumkegeln. Vier Terrassen gliedern die Blumenbeete und Obsthaine, Gemüsefelder und Heilpflanzen-Einfassungen. Langsam steigt das Gelände an, hin zur Statue, die das Klostergrün beschützt. Dicht an dicht hängen die Birnen am Spalier. Üppig biegen sich alte Apfelsorten unter ihrer süßen Last. Gurkenpflanzen und Kürbisse haben die Beete erobert, Kräuter und Gewürze ein Aromareich geschaffen. Majestätisch drehen sich die Sonnenblumen nach dem Licht. In der symmetrisch angelegten Zentralachse weicht der Sand dem Stein. Vasen schmücken die geschwungene Treppe, sanft plätschert ein Wasserspiel. Vögel zwitschern. Blau spannt sich der Himmel über den Garten, der Gelassenheit verströmt. Innere Ruhe macht sich breit und tiefes Glück. Jetzt noch einmal am Lavendel schnuppern und ein wenig träumen, innehalten und auftanken.

● Abbaye Saint-Georges de Boscherville, 12 Route de l'Abbaye, 76840 Saint-Martin-de-Boscherville, Tel. +33 2 35 32 10 82
www.abbayesaintgeorges.fr

Glück am Fluss

20 Die Seine-Kais von Rouen

Bekannte Wege verlassen: Gerade in Rouen beschert dies Glücksmomente. In seinem Herzen birgt die normannische Hauptstadt ein bezauberndes Labyrinth mittelalterlicher Gassen. Hautnah die Vibes von heute spürt man an der Seine. Los geht es an der Prairie Saint-Sever. Die Uferwiese mit Blumenbeeten und Bouleplatz, Picknickrasen, Rutschen und Schaukeln, Klettergeräten, Balancierparcours und dem Rouen Street Parcours ist eine Oase zum Chillen oder Sporteln.
3 Kilometer lang säumt eine Promenade das linke Flussufer und lädt ein, von den Gärten der Prairie Saint-Sever weiterzubummeln gen Westen, hin zu kreativ revitalisierten Hafenschuppen und kühner nachhaltiger Architektur. Dort, wo sich ein gelber Hafenkran in den Himmel erhebt, bringt mit Le 106 einer der beliebtesten Clubs für Livemusik die Wände zum Beben. Der Hangar 107 lädt ein, die Kunst von heute zu entdecken. Danach lockt lokales Craftbier auf der Terrasse des River's Pub. Zum Schlemmen mit Seine-Blick lädt nebenan das Trendlokal Cocorico. Der architektonische Hingucker am Südufer ist das Hôtel de la Métropole. Die Verwaltung der Metropolregion Rouen ist mit Photovoltaikplatten und Glasscheiben verkleidet. Ihre Farbflächen zitieren Monets Pinselstriche. Sein Lieblingsmotiv zeigt der Blick vom Kai: die Kathedrale. Flaubert verewigte Rouen in der Literatur. Ihm ist die jüngste Brücke von Rouen geweiht. Als Europas höchste Hubbrücke eröffnet der Pont Flaubert weitere atemberaubende Ausblicke auf die Metropole und ihr Umland.
Das Nordufer der Seine ist Rouens Flanier- und Partymeile. Bar an Bar wird dort das Savoir-vivre zelebriert. Zwischen den Cafés und Clubs, die in die einstigen Hafenschuppen gezogen sind, erinnert an einem der Maregraphen eine Plakette an Robert Fulton. Der Amerikaner hatte sich im Jahr 1800 mit seiner „Nautilus" in die Seine gewagt, einem mit Segel ausgestatteten Holz-U-Boot. Die Testfahrt wurde ein voller Erfolg. Natur und Kultur, normannische Lebensart und weite Ausblicke: das kleine Glück am großen Strom.

TIPP

Zum ausgiebigen Shopping an der Waterkant laden die Docks 76 mit 95 Geschäften.

● Seine-Kais, 76100 Rouen

Service continu
STADIUM

Bienvenue in den Fifties

21 Das Appartement Témoin Perret von Le Havre

Einmal eintauchen in eine andere Welt, in eine andere Zeit. Spüren, wie es sich anfühlte, damals zu leben. Mit dem Partner, mit dem Kind, im ganz gewöhnlichen Alltag einer Epoche. Eine solche Zeitmaschine besitzt Le Havre. Sie versteckt sich im ersten Stock eines Wohnblocks, den ab 1946 Auguste Perret auf den Fundamenten der völlig zerstörten Stadt erbaute. Die Bombardements der Briten hatten am 5. und 6. September 1944 das Herz der alten Hafenstadt an der Seine in Schutt und Asche gelegt. Auferstanden ist sie durch die visionäre Architektur Perrets, dessen Zeugnisse seit 2005 Welterbe sind. Das Appartement Témoin bewahrt als Musterwohnung des Wiederaufbaus den Geist jener Jahre.

Die Wohnung, die auf den Trümmern entstand, brach radikal mit der Vergangenheit und war bahnbrechend modern. Nicht dunkel, sondern hell, automatisch versorgt mit Zwangsbelüftung. Nicht klein und verwinkelt, sondern offen und geräumig. Und dank verschiebbarer Trennwände auch so flexibel, dass das Wohnzimmer als Herz des neuen Heims auch als Diele, Esszimmer und Büro fungierte. Müllschlucker auf der Etage, das Bad im Heim: Welch ein Luxus nach den Bunkernächten des Krieges!

Geschichte, die hautnah berührt, sobald man die Tür öffnet und den Blick über das Parkett wandern lässt. Man staunt und denkt, selbst heute wären solche Wohnungen top – von der Lage wie vom Zuschnitt. Dann bleibt der Blick hängen an Dingen, die man von den Großeltern kennt, der eigenen Kindheit. Schaukelpferd und Fibel, separate Wasserhähne für warm und kalt. Überall ist der Stolz der Aufbaujahre zu spüren, das Glück jener Trente Glorieuses, wie Frankreich seine 1950er-Jahre nennt. Kühlschrank, Gasherd, Schnellkochtopf, Staubsauger, Waschmaschine, aber auch Plattenspieler und Schreibmaschine hielten damals Einzug ins private Heim. Zeitungen und Zeitschriften, Grünpflanzen und ein gedeckter Tisch verströmen Gemütlichkeit. Fast scheint es, als seien die Bewohner nur kurz weggegangen.

TIPP

Stadthistorien, Bildbände und Belletristik: La Galerne gilt als beste Buchhandlung von Le Havre.

● Appartement Témoin Perret, 181 Rue de Paris, 76600 Le Havre, Tel. +33 2 35 22 31 22

Das schönste Ende der Welt

22 Die Strandbar Le Bout du Monde von Sainte-Adresse

Sobald die Sonne tiefer sinkt und silbern auf den Fluten funkelt, pilgern die Einheimischen die Promenade der Seinemündung entlang hin zu einem Holzschuppen, der sich am Stadtrand von Le Havre auf einem Felsvorsprung versteckt. Von der Straße aus ist Le Bout du Monde kaum zu sehen. So ist die Bar am „Ende der Welt" auf den ersten Klippen des Cap de la Hève bis heute ein Paradies zwischen Stadt und Natur, Land und Meer, das fast nur Einheimische kennen.

Was für ein schöner Ort, um an einem sonnigen Tag den Apéro zu zelebrieren, den Aperitif am frühen Abend! Die Wellen branden an die Felsen. Der Blick schweift über die weite Bucht hinüber nach Honfleur. Ein Containerriese zieht vorbei, ein Kreuzfahrtschiff legt ab gen England, Segler kreuzen im Wind. Kühl ist der Weißwein, köstlich munden die Garnelen, Wellhornschnecken und Austern, die Küchenchef Laurent Lafosse täglich frisch aus der Markthalle holt. Gratinierte Miesmuscheln zum Apérol Spritz, knusprige Carrés vom Croque Monsieur, dem französischen Käse-Schinken-Toast, zum Craftbeer der Normandie.

Freunde und Kollegen setzen sich am liebsten an die runden Holztische auf dem hölzernen Deck und genießen gemeinsam den Feierabend. Pärchen lieben die roten Barhocker an der Tresenklappe. Hier sind sie ungestört – mit Paradeblick zum Sunset-Spektakel. Als feuerroter Ball versinkt die Sonne vor ihren Augen im Meer. Und sehen sie dabei einen grünen Streifen, soll er ein Leben lang Glück bringen. Daran glauben die Normannen ganz fest. Am Wochenende kommen die Familien, futtern hausgemachten Kuchen zum Kaffee oder zu der heißen Schokolade, strecken die Beine auf den Planken aus und genießen mit Mamie und Papie, wie junge Franzosen ihre Großeltern nennen, einen Sonntag, der keine Zeit kennt und der satt, rund und glücklich macht. Und erst endet, wenn die Sonne wieder die Fluten der Seine silbern funkeln lässt.

TIPP

Sunset-Sightseeing: Die Jardins des hauteurs des falaises bieten weite Blicke über die Seinemündung.

● Le Bout du Monde, 1 Boulevard Foch, 76310 Sainte-Adresse, Tel. +33 2 35 48 66 58

PRODUC
OF
COLOMBIA
70 KLS NETO

Abenteuerfelsen

23

La Roche d'Oëtre

118 Meter hoch blickt sie mit wachen Augen und markanter Nase über ein Meer in Grün, das sich bis an den Horizont erstreckt. Flechten und Moose haben den Stein überzogen, Kiefern krallen sich an den Felsen. Aus den Spalten des Gesteins recken sich Bauernsenfe und Frühlings-Spark in den hohen Himmel. Unter dem faltigen Antlitz der Roche d'Oëtre gurgelt zwischen Buchen und Eichen der Fluss Rouvre. Lachse, Forellen und Aale leben in ihren Fluten und flüchten vor den Ottern, die dort jagen. Bachstelzen hüpfen von einem glatt polierten Granitstein im Fluss zum nächsten Felsblock. Was für Aussichten eröffnen sich hier im Herzen der Normannischen Schweiz von der Felskante!

Als schmaler Saumpfad führt der Sentier du Granit vom Aussichtsbalkon der Felsklippe den Hang hinab und hinein in die Erdgeschichte. In der Schlucht Gorges de la Rouvre offenbaren die ältesten Berge Frankreichs ihr Innerstes. Vor rund 400 Millionen Jahren entstand durch zwei Faltungen das Armorikanische Massiv. In einer der aufgestülpten Gesteinsschichten frästen Wind und Wasser die Schlucht, in der die Schichten zur Mitte hin immer älter werden. Und so ist auch das Antlitz der Roche d'Oëtre eher pockennarbig, besteht es doch aus Puddingstein, gepresst aus grobem Kies und Schotter. Der Puddingstein ruht auf einem Gestein, das es bereits vor dessen Entstehung gab: Granit. Dieses magmatische Urgestein ist in den umliegenden Feldern, aber auch im Flussbett in Form von Geröll oder Sand reichlich vorhanden.

TIPP

Elf Parcours locken im nahen Kletterwald Orne Aventure – Zipline und Tarzansprung inklusive.

So, wie sich der Stein verändert, wechselt auch die Vegetation. Und mit ihr die Tierwelt ringsum. Hautnah diese Veränderungen der Natur zu spüren, berührt. Fasziniert. Und sorgt dafür, dass auch diejenigen, die nicht gerne wandern, gar nicht bemerken, dass der Rundgang insgesamt 8,7 Kilometer lang ist. Als Belohnung lockt Stärkung: Zum Infopavillon gehört das Café-Restaurant Le Caillou mit frischer, kreativer Küche und leckerem Kuchen.

● La Roche d'Oëtre, 61430 Saint-Philbert-sur-Orne, Tel. +33 2 31 59 13 13

Weitradeln ans Meer

24 Unterwegs auf der Radroute La Véloscénie

Radfahren! Beim Sonnenkönig Versailles bestaunen, das blaue Wunder erleben in der Kathedrale von Chartres. Eintauchen in den Süden der Normandie. Rapsfelder durchqueren. Schweißperlen spüren. Und Berge erklimmen, wo man sie nie vermutet hätte. Die 450 Kilometer lange Radroute La Véloscénie von Paris aus zum Mont-Saint-Michel erschließt auf ihrem Weg auch den unbekannten Süden der Normandie. Mehr als die Hälfte der Strecke verläuft dort. Nach den zunächst flachen, dann leicht hügeligen Etappen lockt in der Normannischen Schweiz echtes Gipfelglück. Steile Felswände säumen den Flusslauf der Orne. Hervorspringende Felsen und Überhänge prägen die Schluchten der Vire. In den Ställen der Bauern stehen Percherons, pechschwarze Kaltblüter und echte Kraftprotze.

TIPP

Mitte Mai wird das Radrennen Tour de Manche ausgetragen – live zu erleben in Mortain!

Die Berge der Perche sind die sportlichste Herausforderung auf der Strecke. Südwestlich von Argentan taucht die Radstrecke ein in die Laubwälder des Naturparks Normandie-Maine. Würzig ist die Luft, Pilze recken sich zwischen dem Laub. Farne verzaubern das Unterholz. Buchen, mit glatter Rinde und frühlingsheller Krone, recken sich hoch in den Himmel. Im Herzen dieses Grüns plätschern in Bagnoles-de-l'Orne radioaktive Thermalquellen. Ein Jungbrunnen! Bismarck, Churchill und auch Madame Pompadour kamen zur Kur. Heute beschert das B'O Spa Thermal mit Extrakten aus dem nahen Wald und Wirkstoffen der Äpfel aus den umliegenden Hainen Glücksgefühle und Wohlbefinden. So entspannt, fliegen die Landschaften, Städte und Kilometer nur so vorbei. Flach wird wieder das Land, weit schweift der Blick. Schwarzbunte Kühe weiden auf den Marschen, die salzige Brise des Ärmelkanals füllt die Lungen. Wie ein Traumgespinst erhebt sich der Mont-Saint-Michel aus dem Meer. Der Klosterberg bildet das grandiose Finale der Véloscénie an der Grenze der Normandie zur Bretagne. Und entfaltet in der Dämmerung seine Magie. Sportliche strampeln die Strecke an einem verlängerten Wochenende ab. Schöner ist es, sich gut eine Woche Zeit zu lassen.

● Radroute La Véloscénie

Beim Colonel

25 Die Fromagerie Graindorge in Livarot

Fünf Binsenstreifen halten den Livarot zusammen, der daher auch Le Colonel (Der Oberst) genannt wird. Der kräftige runde Käse mit rötlicher Rinde war im 19. Jahrhundert der beliebteste Käse der Bevölkerung. Geschmackvoll und nahrhaft zugleich, wurde er damals auch „Brot der Armen“ genannt und gilt als ältester Käse der Normandie. Bereits 1693 schwärmte ein gewisser Pomereu de la Bretesche von der normannischen Köstlichkeit, die seit 1996 als AOP (geschützte Ursprungsbezeichnung) eingetragen ist.

Seit 1910 stellt die Käserei Graindorge in Livarot den berühmten Käse aus dem Pays d'Auge her. Und das seit 1999 in einem modernen Produktionskomplex, zu dem ein Village Fromager gehört. Dieses „Käse-Dorf“ birgt einen Erlebnisparcours, bei dem jeder Besucher durch große Glasscheiben bei der handwerklichen Fertigung zuschauen kann. Videos und interaktive Präsentationen beschreiben detailliert jede Etappe der Käseherstellung. Integriert in den Rundgang ist auch ein kleines Museum mit historischen Milchkannen und traditionellen Gerätschaften der Milchbauern und Molkereien. Schaukästen mit Etiketten von einst, die den Livarot, aber auch den Camembert, Neufchâtel und Pont-l'Évêque zierten, verraten, mit wie viel Stolz und Liebe seit jeher in der Normandie Käse hergestellt wird.

Diese Passion ist auch an der Käsetheke zu spüren, an der der Rundgang endet. Dort darf probiert werden. Und jeder Bissen bestätigt: Der Käse ist ein Traum! Er wird ausschließlich aus Rohmilch herstellt. Nach der Gerinnung und Formung des Livarot folgt eine lange Reifezeit in den Käsereien, wo der Käse gewaschen, gebürstet und regelmäßig gewendet wird. Dies sorgt für den zarten Schmelz seiner weichen Rinde, die dabei auch die schöne, herbstlich orange Farbe annimmt, für die er bekannt ist. Am Gaumen entwickelt er kraftvolle Aromen, die zu Cidre und Bauernbrot passen. Perfekt für ein Picknick am Ufer der Vie, die sich im Westen durch das Dorf schlängelt, das dem Käse seinen Namen gab: Livarot.

● Fromagerie Graindorge, 42 Rue Général-Leclerc, 14140 Livarot, Tel. +33 2 31 48 20 00, www.graindorge.fr

Schönheit im Walde

26 Lyons-la-Forêt im Naturpark Vexin Français

Tief im Wald versteckt es sich, das normannische Paradies, in der Forêt domaniale de Lyons. 10.700 Hektar groß erstreckt sich Europas größter Buchenwald im Vexin Normand, dem Kalkplateau zwischen den Tälern der Epte, Andelle und Seine. Dort fühlten sich die Wikinger, die die Normandie erobert hatten, daheim wie einst in Skandinavien. Bis zur Französischen Revolution kamen die normannischen Herzöge und die Könige von Frankreich und jagten im größten Wald der Normandie das Wild. Als Jagdsitz erbaute Heinrich I. von Beauclerc eine mittelalterliche Burg, die am Ende des Hundertjährigen Krieges abgerissen wurde. Im Schatten seiner Burg entwickelte sich ein Dorf, das heute zu den schönsten Frankreichs gehört.

Alte Häuser aus Fachwerk und Backstein säumen die Straßen, einstige Klöster und Mühlen an den Ufern der Lieure. Geranien blühen, füllen die Blumenampeln der offenen Markthalle mit ihrem wuchtigen Holzschindeldach, das massive Pfeiler tragen. Eine beschauliche Gemütlichkeit liegt über dem Land. Wie charmant es hier ist!

Zur Belle Époque entdeckten die Künstler das einzigartige Flair des Ortes. Der Impressionist Paul Émile Pissarro, der Surrealist André Masson und der Art-Déco-Inneneinrichter Jacques-Émile Ruhlmann waren in Lyons-la-Forêt zur Sommerfrische. Dem Komponisten Maurice Ravel gefiel es so gut, dass er sich in der Fachwerkvilla Les Lauriers gleich mehrmals einquartierte und 1922 die Orchesterfassung für einen Klavierzyklus schuf, zu dem der Ort seinen Freund Modest Mussorgsky inspiriert hatte: „Bilder einer Ausstellung". Die Programmmusik wurde ein Welterfolg. Gustave Flaubert verewigte das zauberhafte Bilderbuchdorf in seinem Meisterwerk „Madame Bovary". Nach Jean Renoir und Claude Chabrol, der 1990 in seinem Film die Einwohner als Statisten mitspielen ließ, drehte zuletzt Anne Fontaine Szenen aus ihrem Film „Gemma Bovery". Jedes Haus, jeder Schritt erweckt Geschichten. Lyons-la-Forêt ist wie ein Buch, dessen Seiten man selbst beschreibt. Einfach märchenhaft!

TIPP

Mit einem stilvollen normannischen Verwöhnprogramm lockt das Hotel Le Grand Cerf.

● 27480 Lyons-la-Forêt, Naturpark Vexin Français

Äpfel der Verführung

27 Auf dem Cidrehof Manoir d'Apreval von Agathe

Was für ein Duft liegt in der Luft! Verführerisch weht er herüber von den alten Hainen, auf denen knorrige, vom Wind gegerbte Bäume kleine, runde Früchte tragen. Kindheitserinnerungen werden wach. Rot sind sie, andere eher gelb-grün, dann wieder rot-gelb gemustert. Per Hand werden sie gepflückt und landen auf der Ladeklappe eines Treckers, der auf dem Feldweg steht. Herbst im Pays d'Auge, dem Apfelland der Normandie. Und Erntezeit auf dem Manoir d'Apreval, einem kleinen, feinen Cidrehof mit 1800 Apfelbäumen auf 25 Hektar Land.

Überall auf dem Hof stapeln sich Holzkisten, randvoll gefüllt mit roten, runzeligen Äpfeln, die nichts mit der Industrieware aus dem Supermarkt gemein haben, sondern ihren ursprünglichen Charakter bewahrt haben. Vier Geschmacksrichtungen baut Agathe Letellier an. Bittere und bittersüße Äpfel geben dem Cidre Körper und Farbe. Die sauren Äpfel verleihen Frische und tragen zur natürlichen Konservierung des Apfelweins bei. Die süßen Äpfel sorgen für ein optimales Zucker-Bitter-Säure-Verhältnis.

Roh schmecken ihre Bio-Äpfel wegen ihrer Gerbstoffe kaum. Doch flüssig sind sie umso leckerer – und werden dazu erst einmal gehäckselt, dann gepresst. Aus dem Saft ihrer 17 alten Sorten stellt Agathe Letellier im ersten Schritt Apfelsaft her. Naturtrüb oder klar gefiltert füllt sie einige Liter in umweltfreundliche Glasflaschen ab. Das Gros der Pressung indes wandert direkt in die Scheune, wo Agathe mit ihrem Team aus dem Saft prickelnden Bio-Cidre keltert. Oder aus dem süffigen Most den normannischen Aperitif Pommeau herstellt, hochprozentigen Calvados brennt oder den Saft zu Apfelessig fermentiert.

Verkauft wird alles direkt ab Hof. Im Hofladen stapeln sich neben Cidre, Calvados und Co. auch andere Genüsse aus der Region. Draußen hat Agathe Letellier Holztische und Bänke ins Gras gestellt. Weit schweift der Blick über die Wiese, auf der Kinder toben dürfen, hin zum Blau der Seine. Und zu den Apfelhainen, aus denen es noch immer verführerisch duftet.

TIPP

Das Waldwunder der Seinemündung ist die Forêt de Breuil mit Buchenalleen und alten Rhododendren.

● Manoir d'Apreval, 15 Chemin des Mesliers, 14600 Pennedepie, Tel. +33 2 31 14 88 24, www.apreval.com

CIDRERIE
DOMAINE
D'APREVAL
Vente à la propriété
Cidre
Pommeau
Calvados

Blau an der Seine

28

Das Gästehaus Le Relais du Passage de la Roche

In vielen Schleifen schlängelt sich die Seine an ihrem Unterlauf durch das Land. Hohe Kalkklippen begrenzen die Ufer. Saftig, weit und sattgrün sind die Weiden, auf denen die *vaches normandes* grasen, Milchkühe mit dem typischen braunen Augenring. Knorrige Apfelbäume biegen sich unter der Last ihrer kleinen, verhutzelten Äste.

Dort, wo die Seine bei La Roche eine ihrer engsten Schleifen macht, setzte einst der Fährmann auf seinem 7,3 Meter langen und 3,7 Meter breiten Passe-Cheval-Boot die Pferde von einem Ufer zum anderen über. Jahrhundertelang war diese Fähre eine lebenswichtige Verbindung zwischen Jumièges und Barneville. Am 1. April 1972 wurde sie geschlossen.

Damit war auch das alte Backsteinhaus, in dem der *passeur d'eau* gelebt hatte, funktionslos geworden. Leer und einsam stand es am Ufer der Seine. So entdeckte es Françoise Rose. Die Französin war durch die Welt gereist, hatte viel gesehen und einiges erlebt. Nun wollte sie sich neu erden. So kam sie nach Le Mesnil-sous-Jumièges. Dort kaufte sie das weitläufige Anwesen und richtete darin ihr Gästehaus Le Relais du Passage de la Roche ein.

Jedes der Zimmer ist im Stil eines Landes eingerichtet, in dem sie gelebt hat. Farbenfroher Orientlook in Lila, Pink und Sonnengelb prägt das Indien-Zimmer. Im China-Zimmer schmücken schwarze Tuschezeichnungen die dunkelrote Bettwäsche. Giraffen lassen im Kenia-Zimmer vom schwarzen Kontinent träumen, roter Mohn von Marokko. Im Normandie-Zimmer sind schwarzbunte Kühe allgegenwärtig – auf der Bettwäsche wie auf dem Nachttisch und den Handtüchern. Die Fröhlichkeit der Zimmer ist ansteckend. Im Salon wie im Foyer indes huldigt die Eigentümerin den Farben des Himmels und dem Blau der Seine. Dort gleitet ein Containerschiff den Fluss hinab. Die Schiffssirene ruft zum Frühstück. Croissants und Baguette liegen im Korb, selbst gemachte Marmelade steht auf dem Tisch. Die Früchte fürs Gelee lieferte ein Apfelbaum, der durch das Fenster voll behangen auf den Tisch schaut. Normandie pur!

TIPP

Die Base Recreation Jumièges lockt mit Badespaß am Sandstrand – und benachbartem Golfplatz!

● Le Relais du Passage de la Roche, Rue de la Roche, 76480 Le Mesnil-sous-Jumièges, Tel. +33 2 35 78 00 08

Lauter Originale

29 Das Cinéma Omnia République in Rouen

Dieses Kino ist ein Glücksfall. Wie sehr, lässt sich von außen kaum ahnen. Mit futuristisch anmutender Schrift, übergroß und grell auf weißer Wand, behauptet das Cinéma Omnia République zwischen Büros und Boutiquen seinen Platz und zeigt auf sieben Bildschirmen, was drinnen läuft: Programmkino vom Feinsten, vielseitig und bunt wie die Länder, aus denen die Filme stammen.

Drinnen wandert der Blick von den roten Plüschsesseln zum blauen Bühnenboden und hinauf zur weißen Leinwand: die Farben der Trikolore im Kino! Dann wird das Licht gedimmt. Und kein Blockbuster beginnt, sondern ein Film, der ein cineastisches Kleinod ist. Eine kulturelle Perle, ein intellektuelles Werk, ein historischer Streifen, ein Dokumentarfilm oder das Debütwerk eines mutigen Filmemachers. „Somewhere" von Sofia Coppola, „Die Autobiographie des Nicolae Ceausescu" von Andrei Ujica, „Sharqiya" von Ami Livne oder „11 Fleurs" von Wang Xiaoshuai liefen hier ebenso wie „Hannah Arendt" von Margarethe von Trotta.

Keine falsche Synchronisation von Lippenbewegung und gehörter Sprache stört den Filmgenuss. Alles läuft im Original – ungeschnitten in voller Länge. Echter Kinogenuss, offen für alles und alle. Daher gehören auch sehr günstige Eintrittspreise zur Politik des Hauses, das sich auch als Forum des Austauschs versteht. So organisiert das Omnia République neben dem Filmprogramm das ganze Jahr über auch viele Kulturveranstaltungen. Es ist Gastgeber des Weltkino-Festivals Regards sur le Cinéma du Monde, veranstaltet Filmkonzerte und lässt Filmdozenten erzählen, wie gutes Kino gelingt.

Seit 1910 stehen dafür die Lichtspiele in der Rue de la République 28. Den Jugendstil-Prachtbau mit seinem markanten Turm, 1500 Plätzen im Saal und eigenem Kraftwerk im Keller zerstörten am 9. Juni 1940 deutsche Bomben. Am 18. Dezember 1952 kehrte das Omnia mit Jean Delannoys „La Minute de vérité" zurück. Stolz ließ Micheline Presle damals eine Flasche Champagner gegen die Fassade knallen.

TIPP

Livemusik zu lokalem Craftbeer und normannischem Whiskey serviert die Kneipe La Taverne de Thor.

- Cinéma Omnia République, 28 Rue de la République, 76000 Rouen, Tel. +33 2 35 07 82 70, www.omnia-cinemas.com

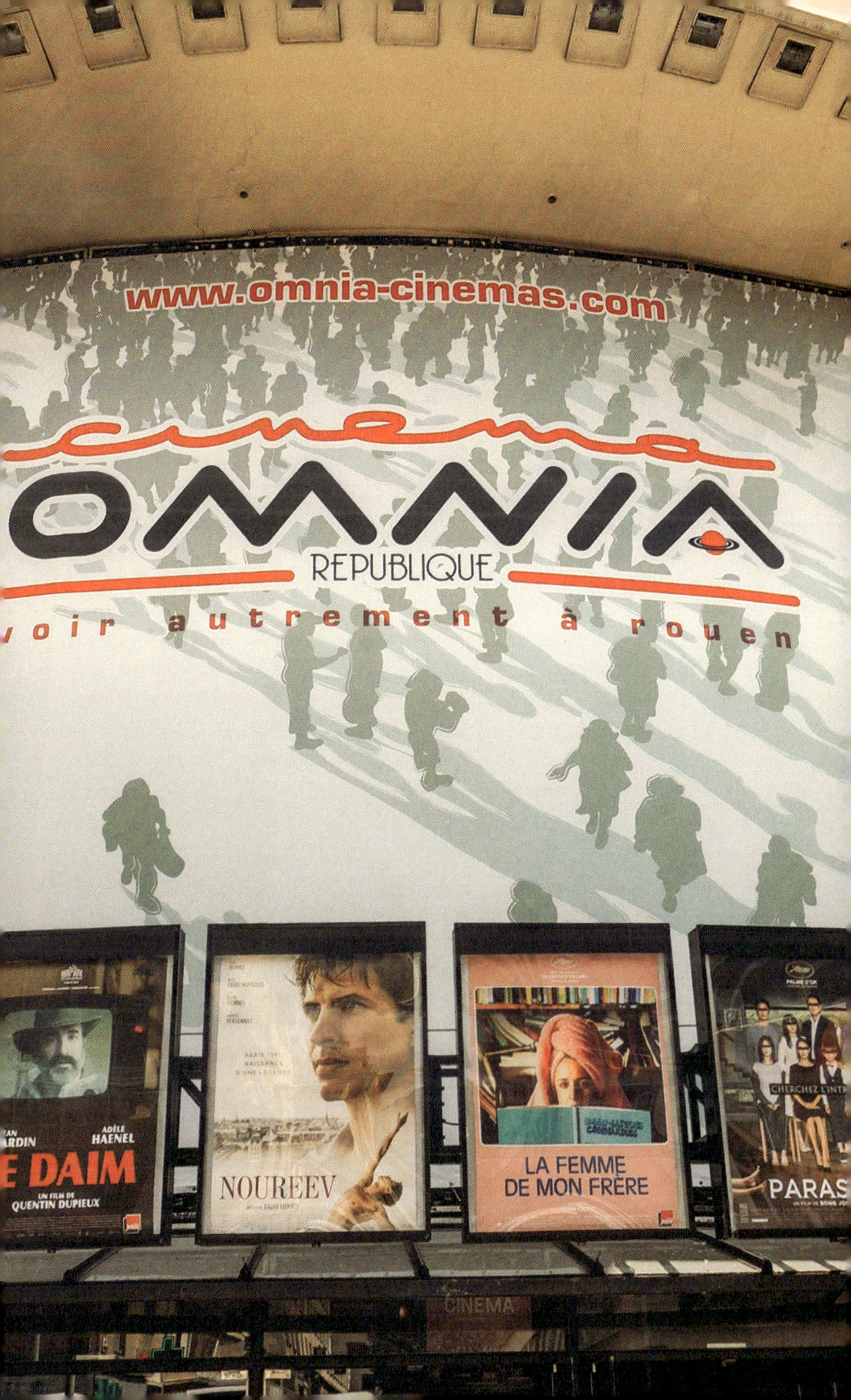

www.omnia-cinemas.com
cinema
OMNIA
REPUBLIQUE
voir autrement à rouen
ADÈLE HAENEL
UN FILM DE QUENTIN DUPIEUX
NOUREEV
LA FEMME DE MON FRÈRE
CINEMA

Grandiose Zeitreise

30 Die Ruine der Abtei von Jumièges

„Sie ist die schönste Ruine von Frankreich!", schwärmte einst Victor Hugo. Der französische Nationaldichter lag völlig richtig. Jumièges ist bis heute bezaubernd. Wahrzeichen der Abtei sind ihre 47 Meter hohen Doppeltürme. Das Hauptschiff lässt auch ohne Dach noch die Ausmaße der einst 120 Meter langen Kathedrale Notre-Dame erahnen. Auch von dem einst spätgotischen Kreuzgang stehen nur noch Rudimente. Nicht ganz unschuldig daran war Charles Stuart, 1. Baron Stuart de Rothesay. Der britische Adlige hatte ab 1830 auf seinem Anwesen Highcliffe Castle in Dorset ein neues Herrenhaus errichtet und dafür Bauteile der Abtei Jumièges verwendet.

Eng mit der Abtei verbunden ist nicht nur Bayernherzog Tassilo, der hier im 9. Jahrhundert bei den Mönchen Schutz fand, sondern auch Agnès Sorel. Sie war ab 1444 die erste offizielle Mätresse eines französischen Königs. 1450 begleitete sie Karl VII. nach Jumièges. Während dieser gegen die Engländer kämpfte, blieb sie hochschwanger im Lager zurück, erkrankte kurz darauf schwer und verstarb. 2004 untersuchte der Paläopathologe Philippe Charlier die Leiche – und fand reichlich Quecksilber in den Knochen. Hatte sie es als Schönheitsmittel für edle Blässe genutzt? Oder hatte ihr jemand eine tödliche Dosis Gift verabreicht? Bis heute wirft ihr Ableben Rätsel auf. Geschichten wie diese sind es, die beim Besuch erschaudern lassen. Die Fantasie bekommt Flügel, ersinnt beim Betrachten der Ruinen eigene Bilder. Wie verlief wohl einst das Leben in der Abtei? Das Tablet in der Hand gibt in 3D die Antworten. Multimedial lässt es Vergangenes auferstehen.

Jenseits der Ruinen verführt das 14 Hektar große Klostergelände zum ziellosen Schlendern. Mal riecht es nach Heu, mal nach den Schafen, die zwischen alten Apfelbäumen grasen, dann nach frisch geschlagenem Holz und den Düften des Küchengartens. Wo der Landschaftspark in einen formell französischen Garten übergeht, sind weiße Klappstühle aufgestellt. Sitzen, schauen, stilles Glück: Jumièges!

TIPP

Sehr empfehlenswert ist das nah gelegene Café L'Heure des Thés an der Place Martin du Gard.

● Abbaye de Jumièges, 24 Rue Guillaume le Conquérant, 76480 Jumièges, Tel. +33 2 35 37 24 02, www.abbayedejumieges.fr

Lauter Verführer

31 Die Bäckerei La Tentation in Sées

Gelb, rosa, lila, grün: So liegen sie ordentlich aufgereiht in der Vitrine. 50 mal Glück ganz pur. Daneben: Verführer mit Garnitur. Mal thront eine Erdbeere, dann eine Kirsche auf dem Guss. Dann weicht die Glasur einer kunstvoll gespritzten Crème, kunterbunt kandierten Früchten oder knusprig gerösteten Nusssplittern. Doch allesamt sind es Eclairs. „Blitz" bedeutet ihr französischer Name, und blitzschnell sind sie auch schon ausgesucht, genossen und verspeist. Genauso schnell wandert der Blick wieder über die Auslagen in der Vitrine. Über den Liebesknochen aus Brandteig und cremiger Füllung sind verführerisch winzige Törtchen drapiert: Mini-Windbeutel, Erdbeer-Tartelettes und mundgroße Tartes au Citron mit Eischaum-Haube.

Allesamt stammen sie aus der Backstube von Christophe Breux, der im April 2016 in Sées die Bäckerei-Konditorei La Tentation eröffnete. *Tentation* heißt Verführung – und dies ist jedes Backwerk. Die hohe Schule der Konditorkunst lernte Breux bei den besten Pâtissiers Frankreichs. Nach seiner Ausbildung bei diesem Meilleur Ouvrier de France (MOF) in Mamers blieb er 10 Jahre lang in Paris bei Roger Sevin. Die Reiselust führte ihn nach Bulgarien. Christophe Breux war der einzige französische Konditor im Land – und lernte dort Maya kennen. Zurück in Frankreich, ließ sich das Paar zunächst für 10 Jahre in La Chartre-sur-le-Loir nieder. Doch Christophe ist Normanne, geboren in Pervenchères. Er wollte zurück in die Heimat. In Sées übernahmen sie eine alteingesessene Boulangerie.

Ihre Lage ist perfekt: Sie befindet sich genau gegenüber der Kathedrale. Und so gönnt sich auch der Priester gerne mal eine kleine Sünde und lässt sich verführen von einem Javanais-Kuchen mit Schokolade und Nuss, einer Isabella-Torte mit Mara-Erdbeeren oder den Makronen, die in allen Regenbogenfarben leuchten. Da kommt auch schon Nachschub aus der Backstube und duftet buttrig: Croissants, Pains au Chocolat und Rosinenschnecken. Die Verführung beginnt bereits beim Frühstück!

● La Tentation, 11 Place du Général de Gaulle, 61500 Sées, Tel. +33 2 33 28 20 99

Boulangerie Patisserie
Spécialités
Beurre Normand
Teurgoule
Sandwichs et Boissons Fraîches
PATISSERIE
VIENNOISERIE

Feinster Sand

32

Der Strand von Saint-Aubin-sur-Mer

Kiesel, meist faustgroß, bedecken meterhoch die Strände der Alabasterküste. Hohe Klippen rahmen die Buchten ein. Doch in Saint-Aubin-sur-Mer ist es anders. Nach einem schmalen Kieselsaum kitzelt feinster Sand die Fußsohlen. Der kleine Badeort besitzt den einzigen echten Sandstrand der Côte d'Albâtre. Er ist ein gut gehütetes Geheimnis! So ist Saint-Aubin bis heute beschaulich geblieben. Herrlich nostalgische Strandhütten in Rosa, Hellblau, Gelb und Weiß säumen die Strandpromenade. Möwen tummeln sich auf den Bildern der Türen, Klippen und Fischerboote. Über den Hütten wehen Flaggen aus allen Ländern Europas im Wind.

Auf der Hochwasserschutzmauer erzählen Schwarz-Weiß-Fotografien vom Beginn des Badelebens, als reiche Familien aus Paris und Rouen erste Villen und Chalets am Strand errichteten. Andere logierten im Hotel Ribadière. Die Villen von einst sind heute verschwunden. Während des Zweiten Weltkriegs war der riesige Sandstrand von Saint-Aubin ein strategischer Punkt, den es zu verteidigen galt. Aus diesem Grund wurden fast alle Villen am Meer zerstört und Bunker auf der Steilküste errichtet. Die Spuren des Krieges hat das Grün weitgehend überwuchert.

Das Handtuch auf dem warmen Sand, den Blick Richtung Meer, schauen die Augen einer zeitlosen Szenerie zu. Wie einst fährt die Besatzung der Jourdan III und der L'Mousse jeden Tag raus, wenn es das Wetter zulässt, und verkauft ihren frischen Fang auf der Strandpromenade. Dort lädt eine kleine Strandhütte jeden Sommer im Juli und August ein: „Lire à la plage" – lest am Strand!

Oder doch ein wenig am Brandungssaum gen Süden laufen, hin zur Plage de Saussemare, die Georges Braque auf seinen Bildern verewigte? Auch Agnès Varta war begeistert und wählte den Sandstrand als Kulisse für ihren Dokumentarfilm „Visages, Villages". Bereits 1974 hatte Yves Robert dort die Komödie „Retour du Grand Blond" mit Pierre Richard und Jean Rochefort gedreht. Doch der wahre Star des Kultstreifens ist *le grand sable:* der Strand von Saint-Aubin!

TIPP
Im September erklingen in der Dorfkirche von Saint-Aubin die Konzerte des Musikfestivals Musi'Caux.

● Plage de Saint-Aubin-sur-Mer, 6 Boulevard Léon Favreau, 76740 Saint-Aubin-sur-Mer

49

Grüne Weltreise im Fort

33 Die Hängenden Gärten von Sainte-Adresse

Sie sind eine Hommage an die hängenden Gärten der Semiramis – und doch ungewöhnlich anders. Jenseits des Badetrubels an den Stränden von Le Havre und dem heute integrierten Seebad Sainte-Adresse verstecken sie sich in einer alten Festung: die Jardins Suspendus. 2005 jedoch weckten der Landschaftsarchitekt Samuel Craquelin, der Architekt Olivier Bressac und der Botaniker Jean-Pierre Démoly die einstige Verteidigungsanlage im Quartier Sanvic aus dem Dornröschenschlaf auf. Seit 2008 fügt sie sich als 17 Hektar großes Gartenreich in die imposante militärische Kulisse des Kastells ein. Seine Bastionen eröffnen traumhafte Ausblicke auf die Mündung der Seine und den Ärmelkanal, den Hafen und die Welterbe-Innenstadt von Le Havre sowie die Badestrände von Sainte-Adresse.

TIPP

Das noble Viertel Sainte-Adresse säumt die Seinemündung. Seine Seebrücke führt aufs Wasser!

Die Festungswälle verwandelten sich in vier Themengärten. Drei stellen den botanischen Reichtum von Nordamerika, Asien und Australien vor. Dort gewinnt ein grüner Saurier langsam an Größe, der erst 1994 bei Sydney in den Blue Mountains entdeckt wurde: die Wollemia Pine. Der vierte Themengarten ist besonders romantisch. La Roseraie stellt 350 Abkömmlinge der Rosensorte La France vor. 2000 Rosen als duftende Hommage an die Heimat: Was für ein Sinnesrausch!

Wo einst die Soldaten exerzierten, erheben sich heute Palmen in Kübeln und große Gewächshäuser. Sie bewahren das Erbe all jener Forscher, die ab dem 15. Jahrhundert von Entdeckungsfahrten fremdartige Pflanzen mitbrachten. Jedem von ihnen ist ein Raum mit typischen Pflanzen gewidmet. Andere Gewächshäuser stellen ausgewählte Biotope vor. Im feuchten Klima der Tropen gedeihen Orchideen und Bananen, im ariden Wüstenklima Wolfsmilchgewächse und Sukkulenten. 2017 gesellte sich zu den Gewächshäusern ein Café. Mit bestem Kaffee und junger Kunst macht die Café-Bar L'Orangerie Lust, in den Kasematten des Fort Saint-André eine marktfrische Pause einzulegen – und die Werke normannischer Künstler an den Wänden zu betrachten. Die Weltreise im Garten: Was für ein Genuss!

● Les Jardins Suspendus, 84 Rue du Fort, 76620 Le Havre, Tel. +33 2 35 19 61 27

Tulpen-Schloss

34 Festival de la Tulipe vom Château de Vendeuvre

Rot und blau leuchten sie zwischen den Platanen. Riesige rosa und weiße Kelche schmücken ein Labyrinth. Dann recken sich sonnengelbe Blüten, auf denen rot die Flammen züngeln, in den Frühlingshimmel. Tausende Tulpen schmücken auch die 200 Jahre alte Lindenallee hin zu einer verwunschenen Grotte, die innen mit 200.000 Muscheln ausgeschmückt ist.

Insgesamt mehr als 30.000 Tulpen aus 100 Arten verwandeln alljährlich den 14 Hektar großen Schlosspark von Vendeuvre in ein unendlich erscheinendes Blütenmeer. Was für ein Crescendo an Farben! Was für ein Rausch nach der stillen, kargen Schönheit des Winters! Ganz gebannt steht man, staunt und spürt die intensive Kraft der Natur. Neben klassischen Sorten sind auf dem Tulpenfest des Schlosses von Vendeuvre alljährlich auch neu entdeckte, alte Arten und exotische Züchtungen zu bestaunen. Sie verwandeln den Schlosspark in ein duftendes Paradies. Vendeuvre inszeniert ein Tulpenfest voller Emotionen, das die Vielfalt der Blume zeigt, die aus Persien und Nordafrika nach Frankreich kam. Dort wurde sie eine der beliebtesten Schaupflanzen adliger Parks und streng französisch gestalteter Gärten. Auch mit diesen Gartentraditionen spielt das Tulpenfestival. Narzissen, Osterglocken und Hyazinthen setzen darin leuchtende Akzente. Buchsbaumhecken, mal kantig, mal kuppig geschnitten, geben Struktur.

TIPP
2 Kilometer südlich wird in der Safranière de la Venelle du Moulin echter Safran angebaut.

Ganz in der Gartentradition von einst sind die installierten Fontänen und Wasserspiele Orte der Fantasie, die der Natur Stimme verleihen und die Seele träumen lassen. Hier eine Wasserorgel, dort eine Nymphe. Dann führt der Weg durch das Tulpenmeer hin zu einem Kristallbaum und weiter zum Tempel der Gelassenheit. Seit Alexandre de Vendeuvre 2004 die Regie über den Familienpark übernahm, gesellte sich ein exotischer Garten mit Feigenbäumen, Bananenstauden und Bambus hinzu. Noch im gleichen Jahr gab es für das grüne Gesamtensemble die Auszeichnung als bemerkenswerter Garten. Das ist er bis heute – und berauscht mit einem Feuerwerk der Farben.

● Château de Vendeuvre, 9 Rue du Château, 14170 Vendeuvre, Tel. +33 2 31 40 93 83
www.vendeuvre.com

Winzerglück

35

Das Weingut Arpents du Soleil

Kann man im Land von Cidre und Calvados richtig guten Wein herstellen? Mit seinem strahlenden Lächeln und sichtlichem Stolz vertreibt er jeden Zweifel. „Bien sûr", behauptet Gérard Samson, öffnet die 0,5-Liter-Flasche und lässt den Auxerrois im hellen Sonnengelb ins Glas strömen. „Goûtez! Kosten Sie!" Wie Weißburgunder mit weniger Säure, sortiert der Gaumen die ersten Tropfen. Aprikose, Melone, aber auch exotische Früchte, so berauschen die Aromen die Sinne. Gérard Samson greift zu einem zweiten Probierglas, geht damit an den Edelstahltank und lässt roten Rebensaft hineingleiten: „Unser Pinot Noir!" Diesmal erobern Noten von dunklen Beeren und Waldbeeren die Sinne, verleihen dem Wein Eleganz und Körper. Der ehemalige Notar lächelt. 1995 schloss er seine Kanzlei und lernte in Burgund das Winzerhandwerk von der Pike auf. Und kaufte bei Saint-Pierre-sur-Dives im Süden der Normandie ein Weingut, auf dem bereits 1792 die Familie Leriche die ersten Reben gepflanzt hatte.

Dass so weit nördlich tatsächlich Topweine gelingen, liegt am einzigartigen Terroir. Über der rissigen Kalkschicht bedeckt eine steinige Mischung aus Kalk und Lehm den Weinberg und sorgt für ein Mikroklima, das trockener und wärmer ist als ringsum. Angebunden am Hochspalier, reifen die Reben in engen Reihen auf 6,6 Hektar. Mitte September beginnt die Lese. Auszubildende der Sommelierschule von Caen ernten per Hand jede Traube und kontrollieren sie, ehe sie in den Korb wandert. Zwei hölzerne Pressen wringen den Rebensaft heraus, den dicke Schläuche zu den Edelstahltanks transportieren, in denen der Most fermentiert und reift.

Immer wieder probiert Gérard währenddessen die Qualität seiner Weine. Bei jedem Schluck wird sein Lächeln zufriedener. 18.000 Flaschen à 0,5 Liter füllt er jährlich ab. 92 Punkte vergab jüngst der renommierte Guide Hachette für seine Weine. Ob Einzelflasche oder Geschenkkarton, Rot oder Weiß: garantiertes Winzerglück. Und ein ungewöhnliches Mitbringsel aus der Normandie!

● Arpents du Soleil, Chemin des Vignes, Route de Grisy,
14170 Saint-Pierre-sur-Dives, Tel. +33 2 31 40 71 82, www.arpents-du-soleil.com

Das grüne Reich des Pan

36 Der Jardin Masséot-Abaquesne in Rouen

Er ist der Gott des Waldes und der Natur, hat Freude an Tanz, Musik und Geselligkeit und gehört zum Gefolge des Dionysos, dessen Feiern er gerne mit seiner Flöte bereichert. 2,3 Meter hoch ragt der griechische Gott, der für seine Wollust bekannt war, in einem versteckten Garten im Museumsviertel von Rouen auf. Eine entspannte Stille liegt über dem Grün – und passt so zum Pan, dem die Mittagsruhe heilig war.
Unter der Krone eines Seidenbaumes mit seinen rot leuchtenden Staubblättern wiegen sich filigrane Gräser. Die große Albizia erinnert daran, dass der Garten ursprünglich im englischen Stil angelegt worden war. Als Landschaftspark en miniature mit gewundenen Wegen, exotischen Bäumen und einem Musikpavillon, dessen Holzverzierung heute im Musée de la Céramique zu bewundern ist. Später umschloss das Henkershaus und dessen Innenhof das Grün. Ende des 20. Jahrhunderts wich der englische Garten einer Anlage im französischen Stil mit Formschnitt für die Pflanzen und akkurat angelegten Wegen inmitten von Bäumen, Sträuchern und Beeten.
Sein heutiges Aussehen erhielt der Jardin Masséot-Abaquesne erst im Jahr 2009 anlässlich des Impressionismus-Festivals der Normandie. Im Einklang mit dem Kunststil, der sinnliche Eindrücke über faktische Formen stellt, wurde der Minipark völlig neu konzipiert. Heraus kam ein sehr sinnliches Idyll mit drei grünen Refugien, die sich im Laufe der Jahreszeiten verwandeln. Auf dem Rasen wacht Pan über sein Reich. Die Statue, die aus dem Jardin des Plantes hierher versetzt wurde, verweist auf die Sammlungen des benachbarten Hôtel d'Hocqueville. Mit seinem Musée de la Céramique macht es den Park zu einem Gesamtkunstwerk. Mehr als 5000 Exponate birgt die landesweit größte Sammlung von Steingut aus Rouen und seines Fayenciers Masséot Abaquesne, der dem zauberhaften Park seinen Namen gab. Hinein in die Wunderwelt der Töpferei führen einzigartige Schüsseln mit der strahlenden Dekoration des frühen 18. Jahrhunderts, die die Monumentaltreppe schmücken.

TIPP

Baumriesen, Wasserfall und Minisee: Der nahe Square Verdrel ist ebenfalls eine grüne Oase!

● Musée de la Céramique, 1 Rue Faucon, 76000 Rouen, Tel. +33 2 35 07 31 74
www.museedelaceramique.fr

Stille Dorfromantik

37

Zu Besuch in Saint-Céneri-le-Gérei

Künstler wussten schon immer, wo es am schönsten ist. Ein solcher normannischer Glücksort versteckt sich in den Alpen von Le Mans im Herzen des Naturparks Normandie-Maine. Dort schmiegt sich Saint-Céneri-le-Gérei an einen Mäander des sanft dahinplätschernden Flusses Sarthe. Obgleich es in den Kreis der schönsten Dörfer Frankreichs aufgenommen wurde, ist es bis heute beschaulich geblieben – eine verträumte Perle, in der Zeit nicht zu existieren scheint. Diese Atmosphäre voller Charme und stiller Zufriedenheit lässt Hektik und Stress sofort abfallen, wenn man über die wuchtige Steinbrücke hineinläuft ins Örtchen. Stolz überragt eine romanische Kirche die alten Häuser aus Granit. Viele sind unverputzt. Auf anderen hat Wein die Fassade erobert und leuchtet im Herbst golden. Was für Motive für Maler! Corot und Courbet waren die ersten, die das kleine Dorf im 19. Jahrhundert als Quelle der Inspiration entdeckten. Viele weitere Impressionisten folgten. Sie schliefen und tafelten in der Herberge der Schwestern. Auf ihren Werken verewigten sie auch die wuchtige romanische Pfarrkirche. Und eine kleine Kapelle, die sich auf einer weiten Wiese vor dunklen Bäumen erhebt. Anfang Juli bildet sie die Kulisse für die Open-Air-Konzerte des Festivals Saintscène. Nachmittags treten junge Talente auf, abends wird gejazzt – perfekt für ein Picknick! Am anderen Ufer der Sarthe sprudelt seit Urzeiten La Fontaine Miraculeuse. Die wundertätige Quelle soll einst den Durst des heiligen Céneri und seines Jüngers gelöscht haben – und bis heute Augenkrankheiten heilen.

Wunder, Märchen, Mythen: Das Dorf scheint wie geschaffen für all jene Dinge, die der Verstand nicht erfasst, das Herz aber sieht. Wie hoch über der Sarthe in den Jardins de la Mansonière. Jeder der neun Themengärten bildet eine Welt für sich. Im Haselnussgarten singen die Bäume von ihrer verrückten Liebe zu unbeschreiblichen Rosen, während der Mondgarten seinen silbernen Hochzeitstag feiert. Welch ein poetisches Grün!

TIPP

Weitblicke auf die Schlucht der Sarthe eröffnen sich vom Aussichtspunkt Belvédère des Toyères.

● 61250 Saint-Céneri-le-Gérei

So schmeckt Meer!

38 Die Fischmarkthalle von Trouville

„Marché aux Poissons“ steht in schwarzer Schnörkelschrift auf dem cremefarbenen Fach, das tiefrote Balken einrahmen. Schon dieser Schriftzug macht neugierig und lässt das Wasser im Mund zusammenlaufen. Denn was darunter zu sehen ist, sind die Verführer aus Neptuns Reich: Austern, Miesmuscheln, Jakobsmuscheln, Strandschnecken, Wellhornschnecken, Venusmuscheln, Herzmuscheln, Garnelen und Strandkrabben stapeln sich da in Spankörben, Plastikkisten und auf Eis. Hummer und Langusten, mit Zitrone dekoriert, schmücken Auslage um Auslage. Dann schneidet ein Händler eine dicke Scheibe vom roten Thunfisch ab, der sich mehrere Meter lang am Stand breitmacht. Und wirft danach Seeteufelschwänze auf die Waage. Der Fischmarkt von Trouville: Was für eine Auswahl! Der Gaumen ist begeistert. Und der Geldbeutel recht entspannt. Vieles darf probiert werden – und vieles ist deutlich preiswerter und frischer als bei den Fischhändlern in der Heimat.

Seit 1887 mit unter den Fischmarkthändlern am Boulevard Fernand Moureaux und das in der mittlerweile sechsten Generation ist die alteingesessene Familie Pillet-Saiter. Während die Söhne und Männer im Ärmelkanal und auf dem Atlantik fischten, blieb Jeannette an Land, experimentierte in der Küche und erfand eine Suppe, die seit den 1960er-Jahren das kulinarische Aushängeschild des Fischgeschäfts Maison Saiter ist. 1971 gewann sie die prestigeträchtige Goldmedaille des Salon International de l'Agriculture, der französischen Landwirtschaftsmesse von Paris.

Wer in Trouville weilt, kauft die preisgekrönte Suppe nicht schnöde als Konserve im Glas, sondern setzt sich auf einen der wackeligen Stühle, die der Patron von Pillet-Saiter auf das Trottoir gestellt hat. Und löffelt sie frisch aus dem Topf in einem Teller, der auf den Schenkeln ruht. „Miam“, würden die Franzosen sagen. „So schmeckt Meer!“

TIPP

Die Strandpromenade Les Planches säumt ein faszinierender Stilmix der Bäderarchitektur.

● Marché aux Poissons, 152 Boulevard Fernand Moureaux, 14360 Trouville-sur-Mer

Marché aux Poissons
depuis 1887
Poissons à la façon de Jeannette
COQUILLES ST JACQUES EN DIRECT DE NOTRE BATEAU
LE KG
18€ LES 3 KG
FOIRE À TOUT

Durch Spalt und Loch

39

Die Klippenküste von Le Tilleul

Nur der Bürgermeister hat den Schlüssel für den Schlagbaum. Für alle anderen geht es nur zu Fuß, per Rad oder hoch zu Ross weiter. Das hat die Küste von Le Tilleul vor jeglicher touristischen Entwicklung bewahrt: ein Glücksfall an der Côte d'Albâtre!

2 Kilometer lang ist der Pfad vom Parkplatz zum Strand. Nach wenigen Schritten weichen die Rinderweiden dem schattigen Blätterdach der Valleuse d'Antifer mit ihren alten Kastanien. Das Trockental, das die Erosion schuf, ist eines der letzten nicht urbanisierten Täler an der Alabasterküste. Schattig und kühl ist das Grün selbst im heißen Sommer. Dann öffnet sich der Blick auf das Meer. Hier türkishell, dort tiefblau leuchten die Fluten des Ärmelkanals. Kleiner als an den anderen Stränden sind die Kiesel am Strand und erleichtern das Gehen. Gut 100 Meter hoch ragen die Klippen auf. Schwarze Bänder leuchten in der weißen Kreide. Wie mit dem Lineal gezogen sehen die Schichten aus Silex aus. Sie sind die steingewordenen Zeugnisse alter Schachtelhalmwälder, die regelmäßig überflutet wurden, abstarben und sich unter Druck zu Feuerstein verdichteten.

Die Bögen der Alabasterküste sind Zeugen eines unterirdischen Flusses, der einst parallel zur Küste verlief. Die Erosion legte sein Bett frei. Wind und Wellen frästen immer neue Formen in den Felsen. Gen Norden begrenzt eine Felsspalte den Strand von Le Tilleul. Wer sie durchschreitet, entdeckt Steighilfen im Stein. Eisenbügel ermöglichen das Klettern hin zu einer kleinen Felsöffnung hoch über der Brandung: ein Natursprungbrett – perfekt für den Sprung ins kühle Nass. An anderen Stellen hat die Erosion Gucklöcher und bizarre Figuren in die Kreideküste gegraben.

Wer bei Ebbe gen Norden weiterwandert, erreicht die Falaise d'Aval von Étretat. Normannen-Dichter Guy de Maupassant sah in der Felsformation einen Elefanten, der den Rüssel ins Wasser steckt. In dieser Kalknadel soll der König von Frankreich einst sein Gold versteckt haben. Noch bis heute hat niemand diesen Schatz gefunden.

TIPP

Aus den hellen und dunklen Feuersteinen der Klippen wurde die Pfarrkirche Saint-Martin erbaut.

● Plage Antifer, Rue du Moulin, 76790 Le Tilleul

Frankreichs Minifluss

40

Idyllischer Spaziergang in Veules-les-Roses

Das stete Rauschen der Wassermühlen und das Gluckern der Veules begleitet auf Schritt und Tritt den Spaziergang durch ein Küstendorf. Seit dem 4. Jahrhundert versteckt es sich in einer sogenannten Valleuse, einem kleinen Taleinschnitt der Alabasterküste. Es gehört damit zu den ältesten Dörfern der Côte d'Albâtre. Und zu den hübschesten: Veules-les-Roses ist einer der sechs normannischen Orte, die als „schönste Dörfer Frankreichs" ausgezeichnet sind.

Tulpen und Geranien blühen in den Gärten, Rosen leuchten rosa, rot und weiß vor alten Häusern. Einige von ihnen zeigen eine ungewöhnliche Architektur, die nur im Pays de Caux zu finden ist. Heller und dunkler Backstein, am Strand aufgesammelt und zu Würfeln behauen, paart sich dort mit rotem Backstein in den Mauern der Häuser. Dann wieder lugt Fachwerk hinter Sträuchern und Büschen hervor und dickes Reet bedeckt die Dächer. Zufriedene Beschaulichkeit atmen die Gassen, statt Hektik nur entspannte Betriebsamkeit. „Das Leben ist ein langer, ruhiger Fluss": Am Ufer der Veules stimmt dieser Filmtitel des Spielfilms von 1988. Nur lang ist sie nicht, sondern mit gerade mal einem Kilometer Länge Frankreichs kürzestes Fließgewässer.

Direkt am Anfang des markierten Rundwegs durch das Dorf wird Brunnenkresse in großen Becken gezüchtet, die eine alte Mühle bewässern. Insgesamt elf dieser eindrucksvollen Wasserbauten gibt es in Veules-les-Roses. Die Radwelle der Wassermühle Moulin du Marché koppelte 1910 ein findiger Ingenieur an einen Generator. So konnte das kleine Seebad lange vor Paris eine elektrische Beleuchtung vorweisen.

Der Charme des Dorfes lockte russische Maler, die ihre Staffeleien im Sand der Küste und an den Ufern der Veules aufstellten. Victor Hugo logierte bei seinem Freund Paul Maurice in einem Pavillonanbau der Villa. Ein großer Erker gab dort den uneingeschränkten Blick auf das Meer frei. Gegenüber reflektierte ein schräger Spiegel den Ozean. Hugo verbrachte dort viele glückliche Momente.

TIPP

Frédéric Cauchy serviert im Restaurant Les Galets die Auster des Dorfes: La Veulaise.

● Parking des Sources, D 925, 76980 Veules-les-Roses

Eine Hütte zum Verlieben

41 Die Cabane Vauban bei Carolles

Eine kleine Hütte, ganz aus Stein erbaut, thront am Rand der schwindelerregend hohen Klippe. Hinter ihr glitzert das Meer im Sonnenlicht, am Horizont zeichnen sich die unverkennbaren Silhouetten des Mont-Saint-Michel und des Inselchens Tombelaine ab. Was für ein herrlich romantischer Platz für ein kleines Picknick! Oder einfach für eine Pause zum Schauen und Träumen. Mit ein bisschen Fantasie werden hier längst vergangene Zeiten lebendig: Ob hier einst hoffnungsvolle Pilger vorbeizogen? Sich Liebende zu einem verborgenen Stelldichein trafen? Frauen sehnsüchtig Ausschau nach ihren Liebsten hielten, die auf See waren?

Wahrscheinlich hat sich unter dem Dach dieser Hütte so viel ereignet, dass man mehrere Romane damit füllen könnte. Sie steht nämlich bereits seit dem 17. Jahrhundert an dieser exponierten Stelle. Wie einige andere Bauwerke dieser Art, die sich entlang der Bucht des Mont-Saint-Michel verteilen. Vauban, der berühmte Militärbaumeister von Ludwig XIV., ließ sie errichten, um die Küste zu überwachen, als Schutz gegen Angriffe durch englische Schiffe oder Korsaren. Später dienten sie als Unterstand für die Zöllner, die entlang der normannischen Küste in einem ständigen Wettstreit mit den örtlichen Schmugglerbanden lagen.

Mit Romantik hatte man damals also wenig im Sinn. Und doch kann man sich kaum vorstellen, dass die Wachtposten, die hier oben Dienst taten, dem Zauber dieses Ortes nicht verfielen. Ob sie nicht eher verträumt als wachsam aufs Meer hinaussahen?

Bezaubert war jedenfalls der impressionistische Maler Louis Valtat, der 1899 ein Picknick an dieser Cabane Vauban in einem heiter hingetupften Bild festhielt. Es ist auf einer Infotafel hinter der Hütte zu sehen und Teil einer hübschen Themenwanderung, die den in und um Carolles malenden Impressionisten gewidmet ist. Kein Wunder, dass sie sich gerne in dieser Gegend aufhielten: Landschaft, Licht und Farben wirken noch heute inspirierend.

- Cabane Vauban, 50740 Carolles
- ÖPNV: Haltestelle Carolles, Salle des Fêtes, von dort 30 Minuten zu Fuß

Prickelnde Birne

42 Das Musée du Poiré in Barenton

Dieses Freilichtmuseum im westlichsten Zipfel des Naturparks Normandie-Maine ist einem so köstlichen wie unterschätzten Getränk gewidmet. Cidre, der Schaumwein aus den Apfelgärten der Normandie, ist weithin bekannt und geschätzt. Sein Verwandter, der nur schwach alkoholhaltige Poiré, ist dagegen eine regionale Spezialität aus der Gegend um Domfront und wird von Frankreichreisenden oft ignoriert. Dabei wurde der leicht prickelnde Birnenschaumwein schon zu Zeiten der alten Römer hergestellt, er ist also ein echtes Traditionsgetränk. Mit seinem dezent bitter-süßen Aroma gibt er einen erfrischenden Aperitif ab, passt aber auch gut zu Fischgerichten und Desserts.

Kann der Besuch eines Birnenschaumwein-Museums Glück verheißen? Oh ja. Denn zum einen kann man vor Ort eine reiche Auswahl an Poiré, Cidre, Pommeau, Calvados, Marmeladen und Honig aus der Region erwerben. Zum anderen ist der größte Teil der Freifläche eine einladende Streuobstwiese mit Birn- und Apfelbäumen der unterschiedlichsten, vorwiegend alten Sorten. Ein Lehrpfad mäandert durch den liebevoll angelegten Paradiesgarten, der zugleich ein insektenfreundliches Biotop ist.

Wer auf diesem Pfad spaziert, lernt nebenher etwas über den Obstanbau, frühere Arten des Baumschnitts, die Unterschiede zwischen Ess- und Mostsorten und vieles mehr. Zudem stellen sich auf Tafeln die Familien der Obstbauern vor, die in der Umgebung Poiré und Cidre erzeugen.

Der Garten gehörte einst zu einem kleinen Bauernhof, der noch bis 1979 bewirtschaftet wurde. Heute werden in den Gebäuden als Dauerausstellung die Geräte gezeigt, die man zur Schaumweinherstellung benötigt, zudem wird der Produktionsprozess erklärt. Im ersten Stock des Wirtschaftsgebäudes werden jährlich wechselnde Sonderausstellungen präsentiert. Nach diesem Ausflug in die Naturschatztruhe der normannischen Obstbauern genießt man das nächste Gläschen Poiré garantiert besonders intensiv.

TIPP

Beste Besuchszeit: während der Birnbaumblüte im April und im September, wenn die Früchte reif sind.

● Musée du Poiré, La Logeraie, 50720 Barenton, Tel. +33 2 33 59 56 22

POIRÉ
DOMFRONT

Im Blütenrausch

43 Die Boutique Coquelicot in Bayeux

Der Anblick einer Wiese oder eines Feldes voller blühendem Klatschmohn (französisch *coquelicot*) gehört wohl zu den schönsten, die der Sommer zu bieten hat. Die zarten Blumen mit den flammend roten Blüten betören mit ihrer vollkommenen, aber vergänglichen Schönheit – sie blühen jeweils nur für wenige Tage.
In der Boutique Coquelicot dagegen leuchtet das Sommerglück durchgehend von Anfang März bis Mitte November von den Wänden und Regalen: Mohnblüten zieren Handtaschen, Shopper, Brillenetuis, Schlüsseltäschchen und Sofakissen in hochwertiger Jacquard-Weberei. Sie verwandeln schlichte T-Shirts und Schals in Hingucker, verzieren Untersetzer, Geschirrtücher und Deko-Herzen, sie veredeln Vasen, Tassen, Zierkugeln und Lampen. Ein Besuch in diesem kleinen Laden in Bayeux ist ein rundum beglückendes Erlebnis für Klatschmohnfreude. Der Farb- und Blütenrausch bleibt allerdings möglicherweise nicht folgenlos: Er führt erfahrungsgemäß zu hoher Kaufneigung, die durch die moderaten Preise noch verstärkt wird.
Alle Objekte in dieser außergewöhnlichen Boutique haben drei Dinge gemeinsam: Ihr Design stammt von ein und derselben Künstlerin, sie wurden vollständig in Frankreich angefertigt und sie sind ausschließlich vor Ort zu erwerben. Sandrine, die Designerin, die unter dem Künstlernamen Scille auftritt, hat nämlich schlechte Erfahrungen mit Ideenklau und Raubkopien gemacht und verkauft ihre Artikel deswegen weder über andere Läden noch über das Internet. Wer hier shoppt, genießt also ein wahrhaft exklusives Einkaufserlebnis. Sonntags und spätnachmittags ergibt sich zudem häufig die Gelegenheit, die Künstlerin selbst im Laden anzutreffen und ein bisschen mit ihr zu plaudern. Warum gerade der Klatschmohn im Zentrum ihres künstlerischen Schaffens steht? „Oh", sagt sie, „er hat so eine besondere Transparenz, er strahlt so viel aus. Diese Blume inspiriert mich einfach."

TIPP

Gegenüber der Boutique befindet sich das Musée de la Tapisserie de Bayeux mit dem berühmten Wandteppich.

● Boutique Coquelicot, 38 Rue de Nesmond, 14400 Bayeux, Tel. +33 2 31 22 75 86
● ÖPNV: Bahnhof Bayeux, von dort 10 Minuten zu Fuß

Bayeux Dentelles
Lace Bayeux
38
Boutique Coquelicot • Poppies shop

Zauberhafte Unterwelt

44 Das Souterroscope in Caumont-l'Éventé

Der Weg zum Glück führt abwärts: Man schreitet unter einer malerischen Bogenbrücke hindurch in ein enges Tal und dann durch eine weiße Tür in einer Felswand direkt in die Unterwelt. Wer dem vor ihm aufscheinenden und hinter ihm wieder erlöschenden Licht folgt, gelangt nach und nach durch einen Tunnel in vier Säle, die willig ihre Geheimnisse offenbaren: zuerst einen grün schimmernden unterirdischen See, dann einen von üppig überwucherten Felswänden umschlossenen Schlund, in den das Tageslicht wie in eine Kathedrale fällt, anschließend einen hohen Raum mit einer Plattform und zuletzt die große, in mystischem Blau beleuchtete Höhle Salle des Merveilles. Die Erkundung dieser Gänge und Räume, die 30 Meter tief unter der Erde liegen, ist ein multimedial inszeniertes, zauberhaftes Erlebnis.

Dabei verdankt diese magische Unterwelt ihre Entstehung einer prosaischen Ursache: Im Untergrund der Region um Caumont liegen reichhaltige Schiefervorkommen. Bereits im Mittelalter, verstärkt aber im 18. und 19. Jahrhundert wurde dort Schiefer (französisch *ardoise*) abgebaut, den man als haltbares, dichtes und wenig poröses Material zum Dachdecken schätzte. Nach der Schließung der letzten Mine in Caumont im Jahr 1891 versank sie in einen Dornröschenschlaf, aus dem sie erst rund 100 Jahre später geweckt und in das mit modernster Technik verzauberte Souterroscope verwandelt wurde.

Die Unterwelt lässt sich auf eigene Faust multimedial erkunden. Damit sich die einzelnen Besucher nicht gegenseitig stören, beginnen die Führungen jeweils im Abstand von 12 Minuten, wobei die Tonspur wahlweise auf Französisch oder Englisch läuft. Sehr interessant sind die (Stumm-)Filmsequenzen in der Salle des Merveilles, die zeigen, wie die abgebauten Schieferblöcke Schritt für Schritt zu Dachplatten verarbeitet wurden.

Da die Temperatur in der Mine konstant bei etwa 12 Grad liegt, sollte man eine warme Jacke mitnehmen.

TIPP

Nicht verwirren lassen: Caumont-l'Éventé wird auf Karten auch als Caumont-sur-Aure angezeigt.

- Souterroscope des Ardoisières, Route de Saint Lô, 14240 Caumont-l'Éventé, Tel. +33 9 74 56 76 97, www.souterroscope-ardoisieres.fr
- ÖPNV: Haltestelle Caumont-l'Éventé, von dort 15 Minuten zu Fuß

Bio, lecker und gemütlich

45 Les Pipelettes in Coutances

Nicht nur kurz irgendwo einkehren, um sich zu stärken, sondern einen Nachmittag so richtig gemütlich und mit Genuss in einem Café vertrödeln – ist das nicht ein wunderbares Urlaubsvergnügen, das Leib, Herz und Seele beglückt? In der Altstadt von Coutances gibt es dafür die perfekte Adresse: Les Pipelettes.

Bar, Café oder Restaurant? So ganz konnten sich Amelie und Charlène nicht entscheiden, deswegen ist ihr Lokal einfach eine Mischung aus allem geworden: Man findet dort eine reiche Auswahl an Tees und Cidre zum Vor-Ort-Trinken oder Für-zu-Hause-Kaufen, es gibt Kaffee und diverse Kuchen sowie kleine kalte und warme Gerichte wie Bagels, Bowls oder Quiches, viele davon vegetarisch. Man kann zum Frühstücken, Brunchen, Mittag- oder Abendessen kommen oder auch nur etwas trinken. Selbst beim Sitzplatz hat man die Wahl und kann drinnen Platz nehmen oder draußen vor dem Lokal oder – im Sommer – auf bonbonfarbenen Stühlen im Stadtpark gleich ums Eck; dann betreiben die beiden Gastgeberinnen dort einen kleinen Kiosk, wo sie Waffeln und Kekse verkaufen.

Die Gerichte von der kleinen Tageskarte sind ausnahmslos selbst gekocht, nach alten Familienrezepten oder von Reisen inspiriert. Die Zutaten wie auch die Getränke stammen aus biologischem Anbau und vorwiegend aus der Region. Die beiden *pipelettes,* was man mit Tratschtanten übersetzen kann, legen zudem Wert auf Müllvermeidung und Nachhaltigkeit. Die Inneneinrichtung haben sie fast vollständig gebraucht gekauft. Und Zeit, um ein bisschen zu tratschen, haben sie natürlich auch.

Diese biologisch-nachhaltige Café-Restaurant-Kombination ist rundum gelungen: Das nostalgische Ambiente ist reizend, die Atmosphäre herzlich, das Essen frisch und gut. Und dann erst die Kuchen! Ob Tarte au Citron oder Tarte aux Pommes, sie machen den bereits tiefenentspannten Gast restlos glücklich.

TIPP

Der Stadtpark von Coutances wird jährlich nach einem Motto gestaltet – ein Rundgang lohnt sich!

● Les Pipelettes, 1 Rue Quesnel Canveaux, 50200 Coutances, Tel. +33 9 82 41 45 89
● ÖPNV: Bahnhof Coutances, von dort 10 Minuten zu Fuß

Mit allen Sinnen genießen

46

Im Garten des Musée Dior in Granville

Eine anmutige, rosa Villa der Belle Époque, umgeben von blühenden Rosen und Schatten spendenden Bäumen in einem Landschaftsgarten hoch über dem Meer – kein Wunder, dass der kleine Christian, der in dieser hinreißenden Umgebung aufwuchs, einen starken Sinn für Schönheit und Ästhetik entwickelte. Zwar hatten seine sehr gut situierten Eltern (sein Vater war Bürgermeister von Granville und später mehrere Jahre lang Wirtschaftsminister in Paris) eine Diplomatenkarriere für ihren Sohn vorgesehen. Er eröffnete aber lieber eine Galerie und widmete sich dann der Mode. Der von ihm kreierte, feminine und glamouröse New Look war 1947 revolutionär und machte Christian Dior (1905–1957) zum berühmtesten Modeschöpfer seiner Zeit. Das Musée Dior, das in der ehemaligen Familienvilla Les Rhumbs in Granville eingerichtet wurde, ist einen Besuch wert – nicht zuletzt wegen der jährlich wechselnden, sorgfältig kuratierten Ausstellungen zu Themen rund um die Familie Dior und die Mode des gleichnamigen Hauses.

Der Aufstieg über die steilen Stufen vom Stadtstrand am Plat Gousset in den Garten der Villa Rhumbs lohnt sich aber auch für Modemuffel. Haus, Garten und Meerblick ergeben ein Gesamtkunstwerk, das die Sinne mit zartem Rosenduft, leichter Meeresbrise und üppiger Blütenpracht umschmeichelt. Der Besuch des Gartens (Jardin Dior) ist tagsüber ganzjährig möglich und kostet keinen Eintritt.

Die Krönung des Besucherglücks ist aber das kleine Café La Bonne Aventure, das im Sommer zu einer Pause im Paradiesgarten einlädt. Der Name des Cafés ist eine Anspielung darauf, dass Christian Dior sehr abergläubisch war und auf den Rat von Wahrsagerinnen (französisch *diseuses de bonne aventure*) vertraute. Idyllischer kann man sich eine Kaffee- oder Teepause kaum vorstellen als an den pastellfarbenen Gartentischen unter großen Sonnenschirmen inmitten von Rosenspalieren. Hier kann man etwas Leckeres genießen, die Schönheit der Umgebung in sich aufnehmen und entspannt vor sich hinträumen.

TIPP

Macarons und Eis sind im Café besonders zu empfehlen, sie stammen vom örtlichen Feinkosthersteller Yver.

- Musée et Jardin Christian Dior, Villa Les Rhumbs, 50400 Granville, Tel. +33 2 33 61 48 21, www.musee-dior-granville.com
- ÖPNV: Bahnhof Granville, von dort 15 Minuten zu Fuß

Ihre Majestät, die Eiche

47 Le Chêne de l'École im Wald von Bellême

Wer die kleine Lichtung in diesem stillen Wald betritt, spürt sofort, dass es sich um einen Kraftort handelt. Die Quelle dieser Kraft ist ein riesiger, uralter Baum, der von einem niedrigen Geländer umgeben ist wie von einem Ehrenhof. Im Französischen ist die Eiche (wie jeder Baum) männlichen Geschlechts. Aber das muss ein Irrtum sein, denn die majestätische Persönlichkeit, deren grüne Krone sich weit oben vom Blau des Himmels abhebt, hat eindeutig eine (groß-)mütterliche Ausstrahlung. Gelassen wirkt sie, stark und weise. Sie schenkt den Menschen, die bei ihr verweilen, ein beruhigendes Gefühl von Geborgenheit und Zeitlosigkeit.

Als sie 1666 im Wald von Bellême gepflanzt wurde, regierte noch Ludwig XIV., der Sonnenkönig, im fernen Paris. So viel ist seitdem passiert: Die Französische Revolution fegte seine Nachfahren vom Thron, Frankreich wurde zur Republik, erlebte zwei Weltkriege und steht vor den vielfältigen Herausforderungen der Gegenwart. Hier im Wald spielt nichts davon eine Rolle. Die Eiche wuchs während all der Jahrzehnte und Jahrhunderte still und unbeirrt einfach weiter himmelwärts und gewann an Stärke und Ausstrahlung. Über 40 Meter ist sie heute hoch.

TIPP

Vom Dorf La Perrière aus ist die Eiche zu Fuß in einer guten halben Stunde zu erreichen.

Um ihren dicken, geriffelten Stamm herum breitet sich eine kreisförmige Lichtung aus; die weitaus jüngeren Eichen und Buchen im Umkreis halten respektvoll Abstand zur Chêne de l'École, der „Eiche der Schule“. Ob sie diesen Namen trägt, weil sie wie eine erfahrene Lehrerin die Baumkinder um sich geschart hat? Nein, der Ursprung ihres Namens ist weniger poetisch: Im Jahr 1927 wurde die damals bereits bemerkenswert alte Trauben-Eiche der École Nationale des Eaux et Forêts in Nancy gewidmet und damit unter ihren Schutz gestellt. Da dieser Titel ein bisschen lang ist, hat sich die kürzere Bezeichnung durchgesetzt.

● Le Chêne de l'École, Route Forestière de Moulin Butin, 61360 Belforêt-en-Perche

Schlafen und tafeln

48 Das Hotel Le Relais d'Horbé in La Perrière

Ein schönes, gut gepflegtes, altes Haus, das bereits von außen Gastlichkeit ausstrahlt. Gaststube und Salon, die zum Verweilen einladen. Großzügige Zimmer, mit modernem Chic und feinem Gespür für das geschichtsträchtige Ambiente eingerichtet. Nachts eine geradezu himmlische Ruhe. Bereits als Hotel macht das Relais d'Horbé den Gast glücklich. Und dann erst das Essen! Küchenchef Julien Bonmarin zaubert wöchentlich neue, kreative Gerichte auf die Karte und die Tische, die Nase, Augen und Gaumen verwöhnen.

Als Vorspeise lieber Frühlingsrollen aus Lachs und Frischkäse oder eine Salat-Bowl mit Teriyaki-Hühnchen? Als Hauptgang Makrelenfilets mit Gemüsetartar, gegrilltes Rinderfilet auf Selleriepüree oder vegetarisches Phad Thai? Die Auswahl fällt schwer, denn alles schmeckt ganz wunderbar. Und danach: Eine regionale Käseauswahl oder Eis von Gérard Taurin, dem französischen Eisweltmeister? Oder doch eine hausgemachte Köstlichkeit? Der Abend auf der Hotelterrasse ist ein Fest für die Sinne. Noch ein kleiner Espresso zum Abschluss. Die Rechnung wird in einer grünen Samtschatulle gereicht und fällt angesichts der gebotenen Genüsse erstaunlich moderat aus.

Von der Hotelterrasse blickt man auf die Grande Place des Dorfes La Perrière, das sich stolz mit dem Titel „Petite Cité du Caractère" schmückt. Damit werden Orte ausgezeichnet, die einerseits wegen ihrer ländlichen Lage und der geringen Einwohnerzahl dörflichen Charakter haben, andererseits aber auf eine bedeutende und eher städtische Geschichte zurückblicken können. So hatte La Perrière im Mittelalter strategische Bedeutung aufgrund einer wehrhaften Burg, die aber im Hundertjährigen Krieg zerstört wurde. Von 1850 bis 1950 war der Ort für seine Stickereien und Perlennetze berühmt; drei Fabriken gab es dort. Den einstigen Reichtum sieht man dem schmucken Dorf heute noch an. Kein Wunder, dass es von Parisern gerne als Wochenendziel angesteuert wird.

TIPP

Im benachbarten Feinkostgeschäft La Maison d'Horbé gibt es Honig aus dem Dorf – sehr lecker!

● Le Relais d'Horbé, La Grande Place, 61360 Belforêt-en-Perche, Tel. +33 2 33 25 95 44, www.lerelaisdhorbe.fr

Schauen und genießen

49 Auf der Klippe von Le Tréport

Rund 120 Meter über dem Meer auf einer Klippe stehen. Den Blick über Stadt, Hafen und Küste schweifen lassen, den Wind in den Haaren spüren, die frische Seeluft tief einatmen und sich auf die weiteren Entdeckungen des Tages freuen – oh ja, das ist Glück!

Le Tréport, die östlichste Stadt der Normandie, ist bekannt für ihre rund 120 Meter hohen, weißen Klippen. Mitten durch sie hindurch führt der Funiculaire. Dieser Schrägaufzug mit vier drahtseilgeführten Kabinen verbindet das ehemalige Fischerviertel Cordiers unterhalb der Klippen mit dem oberhalb gelegenen Stadtteil. Bereits bei seiner Eröffnung im Jahr 1908 fand der damals topmoderne Schrägaufzug riesigen Anklang. Nach einigen Jahrzehnten des Stillstands wurde er 2006 wieder in Betrieb genommen und steht Einheimischen wie Besuchern seitdem kostenlos zur Verfügung. Die Fahrt dauert knapp 2 Minuten.

Neben beiden „Bahnhöfen" des Aufzugs befinden sich Ateliers von Glaskünstlern, die zum Stöbern einladen. Am Fuß der Klippe ist es ein Schmuckhersteller, oben ein Glasbläser. Kein Wunder, denn die kieselreiche Gegend ist seit Jahrhunderten ein Zentrum der Glasindustrie in Frankreich.

Die wahre Attraktion ist aber der fantastische Ausblick, den man von dem Platz vor der Bergstation des Funiculaire aus genießen kann. Wer zunächst den Abstieg über die Treppe ins Stadtzentrum wählt, bekommt immer neue Blickwinkel auf Dächer, Hafen und Küste geboten. Unten warten kleine Gassen, hübsche alte Häuser, nette Geschäfte und Restaurants sowie die Nachbarstadt Mers-les-Bains auf die Erkundung. Für den Rückweg wählt der Genießer aber die Fahrt mit dem Funiculaire – natürlich nicht, ohne nochmals den Blick ausgiebig schweifen zu lassen. Farben und Licht haben sich im Laufe des Tages verändert, das Glück beim Schauen und Genießen keineswegs.

- Bergstation des Funiculaire, Rue du Télécabine, 76470 Le Tréport
- ÖPNV: Bahnhof Le Tréport-Mers, von dort 10 Minuten zu Fuß

Blühende Schönheit

50

Der Hortensiengarten in Varengeville-sur-Mer

Im milden Schatten großer Platanen wandeln und die weiß-rosa-hellblau-dunkelblau-violett leuchtende Blütenpracht der unterschiedlichsten Hortensiensorten aus aller Welt bewundern: Was für ein paradiesisches Vergnügen! Für Gartenliebhaber und insbesondere für Hortensienfreunde ist der kleine Jardin Shamrock ein wahrhaft glückstiftender Ort.

Französische Gärten feiern normalerweise den Sieg des gestaltenden Willens über die Natur, mit klaren Linien, rechtwinkligen Beeten, streng zurecht geschnittenen Buchsbäumen. Der Garten, den die Hortensienexpertin Corinne Mallet seit über 30 Jahren gestaltet und hegt, sieht völlig anders aus: Verschlungene Pfade führen durch das 2 Hektar große Grundstück, das von üppig wuchernden Hortensien aus Europa, den USA und Japan bedeckt ist. Schmetterlinge taumeln pollentrunken von einer Blüte zur nächsten, während die menschlichen Besucher die Vielfalt der Blütenfarben und -formen bestaunen.

Die meisten Vertreter der Hydrangea (so der botanische Name der Hortensie) vertragen keine direkte Sonneneinstrahlung. Deswegen rahmen große Platanen die Blütenpracht ein und erlauben auch an heißen Tagen einen lauschig-schattigen Gartengenuss. Corinne ist meist selbst im Garten anwesend und gibt Hobbygärtnern gerne Tipps und Informationen zu den einzelnen Hortensiensorten. Es lohnt sich, sie zu fragen. Unter ihrer Aufsicht steht immerhin die größte Hydrangea-Sammlung der Welt – der Jardin Shamrock versteht sich nämlich auch als Botanischer Garten. Sein Name hat übrigens nichts mit dem irischen Kleeblatt zu tun, sondern mit der rosablühenden Tellerhortensie Hydrangea macrophylla Shamrock.

Aber auch wer selbst nicht gärtnert und sich keinen einzigen Hortensiennamen merken kann, wird an diesem Ort voll blühender Schönheit sein Gartenglück finden.

TIPP

Besonders angenehm ist das schattige Hortensienparadies an heißen Sommertagen.

- Jardin Shamrock, Route de la Cayenne, 76119 Varengeville-sur-Mer, Tel. +33 2 35 85 14 64, www.shamrock-varengeville.com
- ÖPNV: Haltestelle Varengeville-sur-Mer, Le Quesnot oder Château, von dort 15 Minuten zu Fuß

Tolle Karamellen

51 La Ferme des Cara-Meuh! in Vains

Das süße Glück ist weich, etwas zäh und umschmeichelt den Gaumen mit Röstaromen und einer leicht salzigen Note. Es ist in Form von kleinen Quadern erhältlich, als Brotaufstrich oder Sirup, mit dem sich Pfannkuchen oder Puddings in unwiderstehlich leckere Desserts verwandeln lassen: Caramel au beurre salé ist die wohl verführerischste normannische Süßigkeit. Hergestellt wird sie aus Zucker, Sahne, Butter und Salz.

Ein besonders liebenswerter Ort der Karamellerzeugung ist die Ferme des Cara-Meuh!, ein Bauernhof, der seit 1929 von der Familie Lefranc betrieben wird und seit 2013 biozertifiziert ist. Nach der Milchpreiskrise 2009 entschieden die Lefrancs sich dafür, ihre Milch zukünftig selbst zu verarbeiten, und stiegen in die Karamellproduktion ein. In Anspielung auf die tierischen Milchlieferantinnen nannten sie ihr Produkt Cara-Meuh (sprich: Karamöh), denn auf Französisch machen Kühe nicht Muh, sondern Möh. Nach und nach wandelten sie ihren Hof in einen Erlebnisort um, der sich zu einem beliebten Ausflugs- und Einkaufsziel entwickelt hat.

So gibt es einen Lehrpfad, der zum Kuhstall führt, zu friedlich dösenden Schweinen, zu einem Gehege mit Eseln, Ziegen und Damwild sowie zu den freilaufenden Hühnern mit ihrem mobilen Stall. Dabei handelt es sich um einen ausrangierten Stadtbus, weswegen das Hühnergehege Cara-Poule heißt (ein Wortspiel zu „car-à-poules“). Die Kühe sind beim Rundgang nicht immer zu sehen, denn sie grasen tagsüber auf den Weiden in der Umgebung und finden sich erst abends zum Melken ein. Wahrscheinlich schmecken die Cara-Meuh-Karamellen auch deswegen so köstlich, weil sie aus Milch von sehr glücklichen Tieren erzeugt werden.

Im Hofladen werden auch Eier, Milch, Butter, Sahne und Käse aus eigener Herstellung sowie Bioprodukte anderer regionaler Hersteller angeboten. Die Karamellproduktion kann man durch Glasscheiben beobachten, außerhalb der Produktionszeiten wird dazu ein Film gezeigt. Im Sommer gibt es Crêpes und Kaffee an einem kleinen Kiosk.

TIPP

2 Kilometer entfernt liegt das Ecomusée de la Baie du Mont-Saint-Michel – ebenfalls einen Besuch wert.

- La Ferme des Cara-Meuh!, 11 Route de Saint-Léonard, 50300 Vains, Tel. +33 2 33 70 82 40, www.cara-meuh.com
- ÖPNV: Haltestelle Vains, Mairie, von dort 20 Minuten zu Fuß

La Fabrique
CARA-MEUH!
BEURRE SALÉ
CARAMELS TENDRES AU BEURRE SALÉ
Cara-Meuh!
Beurre Salé

Zeitlose Würde

52 Ein Besuch in der Abbaye de Hambye

Wie friedlich es hier ist! Die Abtei liegt allein am Fuße eines kleinen Höhenzuges, umgeben vom Flüsschen Sienne und dem Bach La Doquette, eingerahmt von Wiesen und Feldern. Ob es diese idyllische Lage war, die den Herren von Hambye (das Dorf liegt etwa 3 Kilometer entfernt) dazu bewegte, dort im Jahr 1145 ein Kloster zu gründen? Die Benediktinermönche, die sich auf seine Einladung hin ansiedelten, hatten zwar jahrhundertelang mit dem hohen Grundwasserpegel und Überschwemmungen durch die ungebärdige Doquette zu kämpfen. Sie bändigten den Bach aber durch ein kluges Drainagesystem, legten einen Garten an und bauten sich ein für damalige Verhältnisse komfortables Heim. Vor allem errichteten sie eine Kirche, die architektonisch widerspiegelte, was sie bewegte: Sie wollten dem Himmel näher kommen, zum Licht gelangen – dafür war der neue Baustil der Gotik prädestiniert.

TIPP
Im Juli und August finden hier Lesungen, Konzerte und Theateraufführungen statt.

Noch heute, da die einstige Kirche Notre-Dame sich als Ruine himmelwärts reckt, ist ihre Schönheit beeindruckend. Der Blick wandert die Pfeiler entlang hinauf zur leeren Spitzbogenreihe, über der sich einst das Dach wölbte. Das Bauwerk ist versehrt und verlassen, strahlt aber eine unzerstörbare Würde und eine ruhige Kraft aus.

Auch das Kloster ist nicht mehr vollständig erhalten; vom einstigen Kreuzgang sind nur wenige Säulen übrig. An seiner Ostseite liegt der Kapitelsaal, dessen anmutiges Kreuzgewölbe noch Reste alter Malereien aufweist: eine bruchstückhafte Fußwaschung an der Wand, ein reizendes Blümchendekor an der Decke.

Ihre größte Bedeutung hatte die Abtei, in der nie mehr als 20 Mönche lebten, im 13. Jahrhundert. Als die Französische Revolution ausbrach, war das Kloster bereits verlassen. Ab 1810 wurde die Kirche als Steinbruch genutzt. Ihrer abgeschiedenen Lage ist es zu verdanken, dass noch so viel von ihr erhalten ist. Vielleicht liegt es auch am stillen Zauber dieses Ortes, der nicht umsonst heute zu den Incontournables, den unverzichtbaren Sehenswürdigkeiten der Region, gezählt wird.

● Abbaye de Hambye, Route de l'Abbaye, 50450 Hambye, Tel. +33 2 33 61 76 92

Entdeckerglücksinsel

53 Mit dem Amphibien-Shuttle auf die Île Tatihou

Ein Inselchen, auf dem sich ein exotischer Garten, ein Meeresmuseum, eine beachtliche Vogelkolonie und ein Vauban-Turm vereinen, verheißt eine Menge Entdeckerglück. Noch dazu, wenn der Ausflug dorthin auf einem so kuriosen Fahrzeug beginnt: In der Sommersaison fährt etwa stündlich ein Amphibien-Shuttle vom Küstenort Saint-Vaast-la-Hougue auf die Île Tatihou. Je nach Stand der Gezeiten fährt es als Schiff auf dem Wasser oder es klappt seine Räder aus und verwandelt sich in einen Omnibus, der übers Watt rollt.

Da die Insel unter Naturschutz steht, muss man auf den angelegten Wegen bleiben. Zudem ist die tägliche Besucherzahl limitiert und man muss vorab ein Ticket erwerben. Die Entdeckerrunde fällt daher erfreulich beschaulich aus, Menschenmassen und Gedränge gibt es vor Ort nicht. Dafür ein früheres Lazarett aus Granit und Schiefer, in dessen Garten exotische Pflanzen gedeihen. Eigentlich handelte es sich vorwiegend um eine Quarantänestation: Zu Pestzeiten (von 1721 bis 1840) mussten Seefahrer samt ihrer Waren hier ein paar Wochen ausharren, bis sie in den Hafen von Saint-Vaast-la-Hougue und an Land durften. Für viele fühlte sich diese Zwangsruhezeit im milden Inselklima vermutlich wie ein angenehmer Urlaub an. Ab 1926 wurde die Insel dann als Erholungsheim für kranke Kinder genutzt.

Wo früher die Quarantäne-Waren lagerten, ist heute ein kleines Meeresmuseum untergebracht, in dem man auch Relikte aus der Seeschlacht besichtigen kann, die 1692 in der Bucht ausgetragen wurde. Als Folge dieser Schlacht wurde 1694 die berühmteste Sehenswürdigkeit der Insel erbaut, der 21 Meter hohe Vauban-Turm. 2008 wurde er zum UNESCO-Weltkulturerbe erklärt. Ringsum kann man die Reste der Befestigungsanlagen erkunden, die überwiegend aus der Zeit des Ersten Weltkriegs stammen. Der frühere Wachtposten, der auf einem vorgelagerten Felsen liegt, dient heute nur noch als Brutstätte für Meeresvögel. Sie mit einem Fernglas zu beobachten, macht Ornithologen und Naturfreunde erst recht glücklich.

TIPP

Tickets für das Amphibien-Shuttle sind am Quai Vauban erhältlich.

● Île Tatihou, 50550 Saint-Vaast-la-Hougue
(Ticketbüro für das Amphibienfahrzeug am Quai Vauban)
● ÖPNV: Haltestelle Saint-Vaast-la-Hougue, Place Belle Isle

CH 925068

Entspannt im Sand

54 Die Strandbar La Cahute bei Bricqueville-sur-Mer

Ob nach einem Tag am weiten Sandstrand oder nach einem Ausflug ins Landesinnere, einen entspannteren Ausklang kann man sich kaum vorstellen: Behaglich im Schutz der Düne an einem einfachen Tisch sitzend, die Füße im feinen, weichen Sand vergraben. Umgeben von der Salzmarsch, einer ehemaligen Salinenlandschaft, auf der Schafe weiden und über der die Möwen kreisen. Man trinkt Hauswein aus einem kleinen Wasserglas oder nippt an einem Fläschchen Bier, futtert die Käse- und Wursthäppchen von der *planche,* ein Stück Pizza oder eine Crêpe und wippt leicht im Rhythmus der Musik aus Sonias Playlist. Sonia ist die Wirtin der Paillote, der sie den Namen La Cahute gegeben hat. „Restauration Rapide", also „Schnellimbiss" hat sie auf die Seitenwand der kleinen Hütte geschrieben. Das stimmt, aber nur zur Hälfte: Tatsächlich ist der jeweilige Imbiss schnell zubereitet, aber dann bleibt man lange sitzen – an dieser Strandbar möchte man einfach verweilen. Das liegt auch an Sonia, die mit fröhlicher Gelassenheit in der winzigen Küche werkelt, Gäste begrüßt, Essen serviert und zwischendrin mit Bekannten plaudert. Meist wird sie von einer Freundin oder von ihrer Mutter unterstützt. Auch wenn mal viel los ist, strahlt sie Ruhe aus und hat für jeden ein Lächeln zu verschenken.

Besucht wird La Cahute von einer bunten Gästemischung: Jung und Alt, Einheimische und Urlauber, Alternative und Aufgebrezelte, alle verfallen dieser gemütlich-entspannten Atmosphäre. Bei Bedarf holt Sonia einfach einen weiteren Klapptisch und ein paar Stühle aus der Hütte, breitet eine Plastiktischdecke darüber, schon sind die nächsten Gäste glücklich. Am Wochenende spielen hier öfter Livebands, dann bringen viele Besucher Picknickdecken oder Sitzkissen mit.

Die Abendsonne taucht die Landschaft in ein weiches Licht, die Möwen drehen weiter ihre Runden. Am besten, man holt sich noch ein Gläschen und steckt die Füße wieder in den Sand unter dem Tisch.

● La Cahute, Les Salines, Cale de Bricqueville, 50290 Bricqueville-sur-Mer, Tel. +33 6 04 03 68 55

Träumerischer Müßiggang

55 Am See von Bagnoles-de-l'Orne

Das Glück des träumerischen Dahinschlenderns braucht nicht viel Platz. Aber es benötigt eine Umgebung, die friedlich und schön ist und gleichzeitig die Fantasie anregt. Ein solcher Ort ist der entzückende Park am kleinen See im Herzen des Kurstädtchens Bagnoles-de-l'Orne. Zwischen grünen Rasenflächen und opulent blühenden Blumenbeeten spaziert man gemächlich über leise knirschende Wege. Die blütenumrankte Bogenbrücke bietet sich als romantischer Fotospot an, am gegenüberliegenden Ende des Sees erlaubt ein Holzsteg das Bestaunen der blühenden Seerosen.

Das ehemalige Grand Hotel – inzwischen eine Wohnanlage – begrenzt den Park an der Ostseite und erinnert an die Glanzzeiten des Kurortes, als hier mondäne Frauen mit Bubikopf und Herren mit Zylinder auf dem Haupt flanierten. In den 1920er-Jahren war Bagnoles-de-l'Orne nämlich ein beliebter Treffpunkt der europäischen High Society. Die Könige von Rumänien, Belgien, Italien und Spanien sowie weitere Angehörige des Hochadels gehörten zu den Gästen des 1898 eröffneten Grand Hotels. Tagsüber genossen sie die entspannende und heilende Wirkung der Thermalquellen, abends traf man sich im Casino am Westufer.

Das Casino gibt es noch heute, man kann dort sein Glück im Spiel versuchen. Eine verlässlichere Quelle des kleinen Glücks ist ein Essen im Restaurant des Casinos, Muße und Seeblick inklusive. Wer es aktiver mag, kann in der kleinen Anlage am See eine Partie Minigolf spielen oder ein Tretboot mieten, die Boutiquen und Galerien im Städtchen durchstöbern oder das Thermalbad besuchen. Für Kurgäste gibt es eine eigene Einrichtung, die auf die Behandlung rheumatischer, gynäkologischer und phlebologischer Behandlungen spezialisiert ist.

Die Geschichte des Thermalkurorts ist übrigens noch länger, sie reicht bis ins 17. Jahrhundert zurück. Damals gab es allerdings keinen Park und zunächst auch noch keinen See; dieser entstand erst durch das Anstauen des Flüsschens Vée – zur Freude heutiger Müßiggänger.

TIPP

Der Rundgang Parcours Découverte führt zu den Sehenswürdigkeiten des Städtchens.

- See von Bagnoles-de-l'Orne, 61140 Bagnoles-de-l'Orne
- ÖPNV: Haltestelle Bagnoles de l'Orne, Place du Marché, von dort 5 Minuten zu Fuß

Romantik pur

56 Im Park des Château de Chantore in Bacilly

Vermutlich hätte sich der Herr von Chantore, der 1780 das anmutige, apricotfarbene Schlösschen auf dem Hügel erbauen ließ, nicht träumen lassen, dass einmal ein englischer Landschaftsgarten sein Domizil umgeben würde. Er hatte den Standort vor allem gewählt, weil er mit Blick auf den Mont-Saint-Michel residieren wollte. Und tatsächlich kann man noch heute vom oberen Absatz der Freitreppe an der Westseite zwischen den passend zurechtgestutzten Baumwipfeln das berühmte Pilgerziel erspähen.

In der zweiten Hälfte des 19. Jahrhunderts ließ ein späterer Besitzer den Park im Stil der englischen Romantik gestalten. Und so präsentiert er sich noch heute: als Landschaftsgarten, der ganz natürlich wirkt, aber einer ausgeklügelten Programmatik folgt. Praktischerweise entspringt auf dem 19 Hektar großen Grundstück eine Quelle, die den künstlich angelegten Wasserlauf mit kleinen Kaskaden und einen Teich speist. Dort zieht ein Schwanenpaar würdevoll seine Kreise, ohne das Spiegelbild des Schlosses auf der Wasseroberfläche zu stören. Man spaziert, geführt durch kleine grüne Pfeile in Bodennähe, im Schatten alter Bäume durch den Park und möchte immer nur entzückt aufseufzen: Was für hübsche Pfauen! Diese wunderbaren Hortensien und Rosen! So zauberhaft, die rote Brücke zur kleinen Insel! Wie lauschig, der Sitzplatz am Wasser! So Ehrfurcht erweckend, diese alten, exotischen Bäume – Sumpfzypresse, Ginkgo, und erst der mächtige Mammutbaum!

TIPP

Man kann im Château auch stilvoll übernachten oder die Orangerie als Ferienwohnung mieten.

Der Gipfel der Romantik ist aber der steinerne Turm im Stil einer mittelalterlichen Ruine, der sich unter wucherndem Grün verbirgt. Ob hier eine kapriziöse Fee oder ein Ritter mit gebrochenem Herzen als Einsiedler hauste? Aber nein, es handelt sich ganz profan um den Wassertank des Schlosses, dessen Äußeres romantisch veredelt wurde.

Heute sind Park und Schloss übrigens in liebevoller bürgerlicher Hand: Den Schlossherrn Bernard Legal trifft man beim Rundgang schon mal bei der Gartenarbeit an. Im Sommer führt er Besucher höchstpersönlich durchs Schloss.

● Le Château de Chantore, Lieu-dit Chantore, 50530 Bacilly, Tel. +33 6 74 30 66 64
www.chateaudechantore.com

Fluffig, buttrig, köstlich

57

Ein Besuch in der Bäckerei La Brioche du Vast

Wie riesig diese Brioches sind! Ihr heller Karamellton mit den typischen Backrillen hebt sich verlockend vor dem dunklen Holz des Verkaufsraums ab. Und wie verführerisch dieses üppige Gebäck duftet! Man könnte es mit Butter und Marmelade an den kleinen Cafétischen direkt in der Briocherie vernaschen. Aber, ganz ehrlich: Es ist sowieso sehr buttrig. Außen eine dünne Kruste, innen weich und fluffig und unglaublich köstlich – da würde selbst die beste Marmelade nur stören. „Die besten Brioches im ganzen Cotentin", hatte man uns versprochen. Und das war nicht übertrieben. Wer hätte gedacht, dass in dieser kleinen, eher unscheinbaren Bäckerei, die an einer Straßenkreuzung im grünen Tal der Saire liegt, solche Gaumenfreuden zu erwerben sind? Auf der anderen Seite des Flüsschens erstreckt sich ein großer Picknickplatz mit Tischen, Bänken, murmelnden Wasserläufen und viel Grün. Dort lässt sich die Brioche mit gebührender Achtsamkeit genießen. Als Frühstück oder zur Kaffeepause macht sie drei Personen problemlos satt und glücklich. Und dazu noch ein paar gefiederte Tiere. Offenbar handelt es sich bei den Enten auf der Saire um echte Feinschmecker. Sobald sie das Gebäck auf einem Tisch erblickt haben, kommen sie nämlich ans Ufer und watscheln unaufdringlich, aber unübersehbar näher, um wenigstens ein paar buttrige Krümel zu erhaschen.

Neben den weithin berühmten Brioches du Vast sind an der Backstube des Inhabers Antoine Drieu einige Brotsorten und anderes Süßgebäck im Angebot, darunter Croissants, Tartes und Tuiles aux amandes, ein Florentiner-ähnliches Mandelgebäck.

Nach der Schlemmerei empfiehlt sich ein kurzer Spaziergang am kleinen Fluss entlang. Gegenüber des Picknickplatzes ist ein Weiher aufgestaut, auf dem sich die Fischreiher tummeln. Ostwärts, im eigentlichen Dörfchen Vast, ergießt sich die Saire im Park eines früheren Herrenhauses als dekorativer Wasserfall in ihr Bett. Auch hier lässt es sich herrlich picknicken.

TIPP

Die Briocherie ist auch auf den Märkten in Cherbourg, Valognes und Saint-Vaast-la-Hougue vertreten.

- La Brioche du Vast, 12 Les Moulins, 50630 Le Vast, Tel. +33 2 33 54 13 35 www.la-brioche-du-vast.com
- ÖPNV: Haltestelle Le Vast, Les Moulins

Schirm mit Charme

58

Die Manufaktur Le Parapluie de Cherbourg

In Cherbourg regnet es laut aktueller Klimatabelle durchschnittlich an 15 Tagen pro Monat und damit immerhin an 4 Tagen mehr als in Hamburg. Das ist aber nicht der Grund, warum viele Franzosen sofort an Regenschirme denken, wenn die Stadt erwähnt wird. Das liegt vielmehr an einem Musikfilm aus dem Jahr 1964: „Die Regenschirme von Cherbourg" gilt als Meisterwerk des Nouvelle Vague-Regisseurs Jacques Demy. Es handelt sich um eine bittersüße Liebesgeschichte; als sie beginnt, arbeitet die junge Heldin (gespielt von der damals 19-jährigen Catherine Deneuve, die mit dieser Rolle schlagartig berühmt wurde) im Regenschirmgeschäft ihrer Mutter.

Als Jean-Pierre Yvon 1986 seine Regenschirm-Manufaktur in Cherbourg gründete, nannte er sie auch als Hommage an diesen Film Le Parapluie de Cherbourg und gab seiner Marke den stolzen Namen Le Véritable Cherbourg (Der wahre Cherbourg). Die Manufaktur samt Boutique residiert im edlen Ambiente einer ehemaligen Zweigstelle der französischen Nationalbank. Die gläserne Produktion, die tatsächlich viel Handarbeit erfordert, kann man gegen ein kleines Entgelt zum Teil besichtigen. Videos zeigen zusätzlich die einzelnen Arbeitsschritte bei der Herstellung der so eleganten wie hochwertigen Schirme.

TIPP

Erwirbt man vor Ort einen Schirm, wird der Museumseintritt auf den Preis angerechnet.

Es gibt sie in unterschiedlichen Ausführungen und in vielen Farben, sodass im Verkaufsraum selbst an grauen Tagen Regenbogenfarben für fröhliche Stimmung sorgen. Schirme in den Farben der Trikolore schmücken das Treppenhaus, Schirme in allen möglichen anderen Farben zieren das kleine Museum im ersten Stock. Beim Hindurchschlendern bekommt man unweigerlich Lust auf einen langen Spaziergang im Regen. So ein richtiger Wohlfühlspaziergang mit spiegelnden Pfützen und Tropfengetrommel auf dem Schirmstoff. Fast ist man enttäuscht, wenn man beim Verlassen des Gebäudes in helles Sonnenlicht schaut. Aber das macht nichts, der nächste Regentag kommt bestimmt …

- Manufacture Le Parapluie de Cherbourg, 22 Quai Alexandre III., 50100 Cherbourg-en-Cotentin, Tel. +33 2 33 93 66 60 www.parapluiedecherbourg.com
- ÖPNV: Bahnhof Cherbourg, von dort 5 Minuten zu Fuß

Le Milord

Faszinierende Felsen

59 Les Roches de Ham bei Saint-Lô

Südlich von Saint-Lô erstreckt sich ein verträumtes Tal mit kleinen Weilern und Viehweiden inmitten der typisch normannischen Heckenlandschaft (Bocage). Durchzogen wird es von einem mäandernden Flüsschen, der Vire. Hinter ihrem Ufer ragt ein dicht bewaldeter Höhenzug mit markanten Felsformationen schroff auf und wirkt wie ein gigantischer Bilderrahmen, der diese Bilderbuchlandschaft erst richtig zur Geltung bringt.

Kaum zu glauben, dass es einst die Vire war, die diese Schieferwände mit wilder Gewalt formte und schliff. Genauso schwer vorstellbar ist es für heutige Besucher, dass hier zur Zeit der Industriellen Revolution eine Hauptverkehrsstrecke verlief: Damals fuhren Lastschiffe auf dem zu diesem Zweck kanalisierten Fluss, direkt unterhalb der Felsen dampfte und schnaubte die Bahn in Richtung Granville.

Heute paddeln allenfalls ein paar Freizeitsportler auf der Vire und die bis zu 105 Meter hohen Felsen, die Roches de Ham, ziehen vor allem Wanderer und Naturfreunde an. Vom Aussichtspunkt, der kurz unterhalb des Parkplatzes und noch vor der kleinen Crêperie auf dem Höhenzug liegt, hat man einen großartigen Blick ins Land. Wanderer können zwischen sechs farbig beschilderten Rundwegen wählen, die zwischen 3,6 und 11 Kilometern lang sind. Auf dem Höhenrücken ragen immer wieder Felsen auf, die sich als weitere Aussichtspunkte und Fotospots eignen. Die Wege sind teilweise so dicht umwuchert, dass man wie durch einen grünen Tunnel abwärtswandert, bis das Ufer der Vire erreicht ist. Alle Rundwege führen früher oder später hinunter zum Fluss und schließlich vorbei an grasenden Kühen und gepflegten Häuschen wieder hinauf zum Parkplatz.

Vollkommen wird das Wanderglück, wenn man nach der Runde noch in der Crêperie einkehrt und den Gaumen verwöhnt. Die Galettes und Crêpes sind so köstlich, dass die Einheimischen aus der weiteren Umgebung regelmäßig nur zum Essen herkommen. Den wunderschönen Ausblick von der Terrasse aus gibt es für alle gratis.

TIPP

Der Fluss lässt sich mit Kanu, Kajak oder Stand-up-Paddling erkunden. Verleih in Condé-sur-Vire.

- Les Roches de Ham, Routes des Roches de Ham, 50160 Brectouville, Tel. +33 2 33 56 51 57 (Crêperie), www.creperie-lesrochesdeham.fr

Fossilienfindestrand

60

Der Strand an den Falaises des Vaches Noires

Verglichen mit den touristischen Stars Deauville, Trouville und Cabourg an der Côte Fleurie ist das Seebad Villers-sur-Mer nur ein Sternchen. Der Badestrand samt kleiner Promenade ist hübsch, aber nicht außergewöhnlich, es gibt weder einen Hafen noch ein Casino oder berühmte Hotels. Es ist allein die Natur, die dieses Örtchen zu etwas ganz Besonderem macht: Westlich von Villers-sur-Mer liegen nämlich die Falaises des Vaches Noires, eine einzigartige Klippenlandschaft, die unter Naturschutz steht.

Anders als an der Alabasterküste bestehen diese Klippen nicht aus weiß leuchtender Kreide, sondern aus braun-grünlichem Mergel und Kalk, der teilweise stark bewachsen ist. Da dieses Gestein sehr weich ist, bröselt und bröckelt es leicht und stetig. Genau das ist der Grund, warum einerseits das Betreten der Klippen verboten ist und sich andererseits ein Strandspaziergang in Richtung Houlgate bei Ebbe unbedingt lohnt: Die Erosion sorgt nämlich dafür, dass die „Klippen der schwarzen Kühe“ die Fossilienschätze freigeben, die sich in ihnen seit dem Erdmittelalter verbergen. Wer den Boden und die Steine genau mustert, wird schnell feststellen, dass praktisch überall versteinerte Ammoniten, Schnecken und Muscheln zu sehen sind. Teils stecken sie noch im Mergel, teils liegen sie einfach herum. Manche sind ausgesprochen gut erhalten und hübsch anzusehen – da erwacht auch bei ansonsten paläontologisch Uninteressierten das Sammelfieber! Das Entdecken und Aufsammeln macht sehr viel Spaß und das Mitnehmen dieser Strandfunde ist erlaubt. Man braucht also kein schlechtes Gewissen zu haben, sollte aber vorausschauend einen Beutel mitnehmen. Wer ab und zu vom Boden hochblickt, wird feststellen, dass dieser ungewöhnliche Strand auch sonst für Glücksmomente sorgt: Die größeren herabgepurzelten Felsbrocken erinnern tatsächlich an weidende Kühe oder Bisons. Der Sand ist weich, das Meer brandet unermüdlich heran, die Möwen umflattern in Scharen die muschelbewachsenen Felsen. Schön ist es hier!

TIPP

Toll gemacht und absolut sehenswert ist auch das paläontologische Museum am Ort.

- Strand an den Falaises des Vaches Noires, 14640 Villers-sur-Mer
- ÖPNV: Bahnhof Villers-sur-Mer, von dort 30 Minuten zu Fuß

Atemberaubend

61 Hoch hinaus auf den Phare de Gatteville

Ein Leuchtturm ist schon aus Prinzip ein Glücksort, schließlich steht er an exponierter Stelle am Meer und verheißt zudem Orientierung, Sicherheit und eine grandiose Aussicht. Das trifft auch auf den Phare de Gatteville zu. Er ist aus mehreren Gründen besonders sehenswert: Mit einer stolzen Höhe von 75 Metern ist er der zweithöchste Leuchtturm Frankreichs sowie einer der höchsten in Europa. Zudem zeichnet sich der aus 11.000 Granitsteinen erbaute, schlanke Turm mit den quaderförmigen Nebengebäuden durch große architektonische Eleganz aus. Das ist dem Ingenieur Charles-Félix Morice de la Rue zu verdanken, unter dessen Federführung der Phare de Gatteville zwischen 1829 und 1834 erbaut wurde.

Damals war der Küstenabschnitt an der Pointe de Barfleur für Schiffe sehr gefährlich. Bereits 1774 hatte man deswegen einen 25 Meter hohen, zylindrischen Leuchtturm auf die kleine Landzunge gesetzt. Es zeigte sich aber, dass er nicht hoch genug war und sein Licht nicht weit genug sichtbar. Da man den alten Turm weder aufstocken noch anderweitig ertüchtigen konnte, beschloss man 50 Jahre später, neben ihm einen neuen zu errichten. Ein bisschen sieht es heute so aus, als stünde dort ein Papa-Leuchtturm mit seinem kleinen Sohn. Die beiden stehen allein am nordöstlichsten Zipfel der Cotentin-Halbinsel; das Dorf Gatteville-le-Phare ist eineinhalb Kilometer entfernt.

TIPP

In Gatteville lohnt sich ein Besuch der romanischen Seefahrerkapelle Notre Dame de Bon Secours.

Die Besteigung des großen Leuchtturms ist im praktischen wie im übertragenen Sinn atemberaubend: Man steigt genau 365 Steinstufen hinauf, und zwar über zwölf Etagen, die von insgesamt 52 Fenstern erhellt werden. Wäre man nicht so außer Atem, könnte man über diese Zahlensymbolik näher nachdenken. Tritt man oben dann endlich auf die Plattform hinaus, ist es die Aussicht, die einem den Atem nimmt: Von hier oben sieht der ältere Turm nebenan geradezu winzig aus. Der Blick geht nach Norden weit übers Meer, im Süden über die zerklüftete Küste des Cotentin und die typische Heckenlandschaft – einfach fantastisch, diese Weite!

● Phare de Gatteville, 25c Route du Phare, 50760 Gatteville-le-Phare
www.phare-de-gatteville.fr

Der schöne Wilde

62 Am Strand Petit Ailly in Varengeville-sur-Mer

Weiße Klippen gibt es nicht nur auf der britischen Seite des Ärmelkanals, sondern auch entlang der Alabasterküste westlich von Dieppe. Die teils über 100 Meter hohen Kreidewände bieten einen spektakulären Anblick, an dem man sich kaum sattsehen kann. So ging es schon Claude Monet, der einst im kleinen Badeort Pourville weilte und eine ganze Reihe von Klippenbildern malte. Leider ist der Strand von Pourville ein Kiesstrand, wie die meisten Strände der Alabasterküste. Zum Baden und Barfuß-Strandlaufen ist das nicht so angenehm.

Ganz anders der Strand Petit Ailly, der von Varengeville-sur-Mer aus durch einen engen Taleinschnitt zwischen den Klippen zu erreichen ist. Eine schmale, erst asphaltierte, dann gepflasterte Straße führt hindurch; sie endet an einer großen Freitreppe. Gesäumt ist sie von großen Felsbrocken und Steinen, führt aber auf einen herrlich sandigen Strand, der bei Ebbe bis zu 150 Meter breit sein kann. Bei Flut bedeckt das Meer Sand, Steine und die unteren Treppenstufen, von denen sich (vorwiegend einheimische) Schwimmer ins Wasser gleiten lassen.

Nein, das ist kein ordentlicher, in Parzellen eingeteilter Strand, an dem man es sich mit Sonnenliegen, Strandmuscheln und Schirmchen für einen langen, heißen Tag gemütlich macht. Es ist ein wildes Stück Küste, das man nach einem Blick in den Tidenkalender aufsucht, um es zu erforschen, zu durchwandern und sich bezaubern zu lassen. Kleine Rinnsale, die sich aufstauen und umleiten lassen, durchziehen auch bei Ebbe den Sand – ein Spiel- und Schaufelparadies für Kinder. Zwischen den Felsen sammeln sich kleine Tümpel, Möwen suchen darin nach Muscheln. Hier gibt es weder Gedränge noch Lärm, nur faszinierende, pure Natur. Einfach herrlich!

Auf den kleinen Kaffee zwischendurch muss dennoch nicht verzichtet werden: Über den Strand sind es nur eineinhalb Kilometer bis zur Promenade mit Café in Pourville. Man muss nur zusehen, dass man zurückkommt, bevor die Flut den schönen Wilden wieder verschlingt.

TIPP

Da es mitunter Felsstürze gibt, sollte man immer einen gewissen Abstand zu den Klippen einhalten.

- Plage du Petit Ailly, 76119 Varengeville-sur-Mer
- ÖPNV: Haltestelle Varengeville-sur-Mer, Le Quesnot oder Château, von dort 30 Minuten zu Fuß

Exzentrischer Steingarten

63 Parc-Musée du Granit in Saint-Michel-de-Montjoie

Die Bezeichnung „Freilichtmuseum" mag sachlich korrekt sein, erweckt aber möglicherweise einen falschen Eindruck. Was Besucher auf diesem Hanggrundstück am Dorfrand vorfinden, ist eher ein großer Garten mit bezaubernd exzentrischen Gestaltungselementen. Wenig überraschend: Sie sind aus Granit. Durchaus überraschend ist die Vielfalt der Objekte, die aus dem Gras herauszuwachsen scheinen: Säulen und Sockel, Vasen und Blumentöpfe, Wassertröge und Futterkrippen, Weg- und Grabkreuze, merowingische Sarkophage und barocke Grabsteine, Mühlsteine und Obstpressen, alte Grenzsteine, Wasserleitungen und Kaminteile, Torbögen und Fenster, Skulpturen und Obelisken.

Man schlendert auf einem Besucherpfad im Schatten großer Bäume über das Gelände und entdeckt ein originelles oder auch unscheinbares Steinstück nach dem anderen. Bei manchen erschließt sich ihre Funktion nicht auf den ersten Blick, man muss sie auf den erklärenden Schildern nachlesen. Im unteren Teil des Gartens wurde sogar ein kleiner Steinbruch mit diversen Werkstätten nachgebaut. Ihre Bedeutung und Arbeitsweise werden auf Tafeln erklärt. Im kleinen Museumsgebäude sind vor allem Statuen zu sehen, dazu alte Fotos und Filmaufnahmen aus der großen Zeit der Steinbrüche.

TIPP
Den letzten aktiven Granitsteinbruch kann man ein Stück nördlich an der D282 bestaunen.

Im 19. Jahrhundert gab es in der Gegend fast 600 Granitsteinbrüche, die für Arbeit und Wohlstand sorgten. Heute ist nur noch einer aktiv, dort wird ein bläulicher Stein abgebaut, der Bleu de Vire. Als in den 1970er-Jahren eine Abbaustätte nach der anderen schloss, hatte Marcel Cathrin, damals Bürgermeister von Saint-Michel-de-Montjoie, die Idee zu diesem Museum. Eröffnet wurde es im Jahr 1975. Man tut dem „Park-Museum" nicht unrecht, wenn man es als kurioses Sammelsurium betrachtet. Was es zu einem inspirierenden und beglückenden Ort macht, ist die spürbare Liebe zum Stein, der die Region und ihre Geschichte prägt. Und die Bewunderung für das, was Menschen mit Hartnäckigkeit, Mühe und Kreativität aus diesem unnachgiebigen Material herausarbeiten können.

● Parc-Musée du Granit, Le Haut du Bourg, 50670 Saint-Michel-de-Montjoie, Tel. +33 2 33 59 02 22

PARC-MUSEE
DU
GRANIT

Lebendige Geschichte(n)

64

Im Château Guillaume le Conquérant in Falaise

Vor fast 1000 Jahren wurde in Falaise ein illegitimer Spross des Normannenherzogs Robert geboren. Während der Vater im Volksmund „der Großartige" genannt wurde, begann sein Sohn Wilhelm seine Karriere daher unter dem weniger fürstlichen Beinamen „der Bastard". Dass er einmal als „der Eroberer" in die Geschichte Frankreichs und Englands eingehen und sie für Jahrhunderte prägen sollte, ahnte damals noch niemand.

„Die Großartige" könnte aber auch der Beiname der Burganlage in Falaise sein. Sie liegt auf einem Felsplateau über der Altstadt und beeindruckt neben ihrer schieren Größe durch die stattliche Ringmauer, die sie umgibt. Zum Bollwerk gehören allein 15 Befestigungstürme. Auch die Hauptgebäude im nordwestlichen Eck des Areals sind ausgesprochen wehrhaft: Der mächtige, runde Bergfried und das ihm vorgelagerte, fast würfelförmige Wohngebäude wirken sehr trutzig und sind nochmals durch eine Zugbrücke und zwei Türme geschützt. Zu Wilhelms Lebzeiten sah die Burg freilich anders aus. Es war sein Sohn Heinrich Beauclerc, der das eckige Hauptgebäude im englischen Stil errichten ließ; es ist eines der wenigen erhaltenen Beispiele der anglonormannischen Architektur. Von der Innenausstattung ist leider fast nichts übrig geblieben. Dennoch ist die Besichtigung des Château Guillaume le Conquérant ein fesselndes Erlebnis.

TIPP
Im Sommer finden in der Burganlage Konzerte, Mittelalterspiele und -märkte statt.

Das liegt an der hervorragenden multimedialen Inszenierung: Es gibt keine Führung im traditionellen Sinn, sondern die Menschen, die in der Burg lebten und herrschten, erzählen selbst ihre Geschichte(n) als Projektionen an den Wänden der Räume. Ob Guillaume, seine Frau Mathilde oder auch seine Nachfahren Richard Löwenherz und Johann Ohneland sowie deren Mutter Eleonore von Aquitanien, sie alle treten lebensecht in Erscheinung und berichten über ihre Taten und Gedanken. 3D-Animationen auf einem Tablet zeigen, wie die Räume mit voller Einrichtung und flackerndem Kaminfeuer einst ausgesehen haben mögen. Spannender als jeder Historienfilm!

● Château Guillaume le Conquérant, Place Guillaume le Conquérant, 14700 Falaise, Tel. +33 2 31 41 61 44, www.chateau-guillaume-leconquerant.fr
● ÖPNV: Haltestelle Falaise, Boulevard de la Libération

Verborgenes Wanderidyll

65

Unterwegs im Vallée des Moulins in Fermanville

Wirklich verborgen ist das schmale Tal nicht. Aber wer nicht weiß, dass hinter dem Parkplatz an der Kirche ein Wanderweg beginnt, kommt kaum auf die Idee, an dieser Kurve der D116 auszusteigen und loszuziehen. Was schade wäre, denn das stille, grüne Vallée des Moulins (wörtlich: Tal der Mühlen) hat viel Charme und außer zwei ehemaligen Mühlen noch weitere Attraktionen zu bieten.

Die Mühlen verdanken ihre Existenz einem kleinen Flüsschen, das auch in trockenen Sommern zuverlässig Wasser führt. Am heutigen Parkplatz wurde früher eine Ölmühle betrieben. Einen Teil der Anlage kann man unter einem schützenden Holzdach studieren. Dann spaziert man gemütlich und windgeschützt flussaufwärts, den Wegweisern zum Viaduc nach, der größten Sehenswürdigkeit im Tal. Wer direkt dorthin will, bleibt einfach auf dem Hauptweg.

TIPP
Auf der Schneckenfarm kann man naturnah in Holzhütten, sogenannten écocabanes, übernachten.

Das Eisenbahnviadukt ist ein beeindruckendes Bauwerk von typisch französischer Eleganz. Es wurde für die Eisenbahnstrecke von Barfleur nach Cherbourg errichtet, die im Jahr 1911 eröffnet wurde. Trotz seiner Länge von 242 Metern und einer Höhe von immerhin 32 Metern wirkt es mit seinen 20 Bögen und den sich nach oben verjüngenden Pfeilern filigran, fast schwebend. Die Bewohner der früheren Mühle unter dem Viadukt leben heute in idyllischer Ruhe, denn schon seit 1950 rattern keine Züge mehr über ihren Köpfen. Spaziergänger können das Viadukt dagegen überqueren und dabei sowohl die Aussicht als auch die Schönheit des Bauwerks genießen.

Wer noch weitere Entdeckungen machen möchte, kann auf einen der Seitenwege abzweigen und aus der Tour eine Rundwanderung machen. Besonders empfehlenswert ist das für Freunde regionaler Spezialitäten. Denn auf dieser Runde kommt man an einer Ziegenfarm (Chèvrerie de la Vallée des Moulins) und an einer Schneckenfarm (Le P'tit Gris des Moulins) vorbei. Beide sind vor Ort ausgeschildert; die Ziegenfarm öffnet sonntags ihren Hofladen, in dem man Bio-Ziegenkäse und -Joghurt kaufen kann.

- La Vallée des Moulins, 50840 Fermanville
- ÖPNV: Haltestelle Fermanville, Le Montereire, von dort 15 Minuten zu Fuß

Flanieren, baden, staunen

66 Die Strandpromenade Plat Gousset in Granville

„Flacher Zwickel“ – was für ein nüchterner Name für eine so schöne Strandpromenade unterhalb der Altstadt von Granville! Zugegeben, sie liegt tatsächlich wie eine Art keilförmiger Einsatz zwischen den steil aufragenden Felsen an ihrer West- und Nordseite. Aber sie ist keineswegs nur ein angestückeltes Etwas: Die Promenade Plat Gousset erstreckt sich vom Casino (erbaut 1911) im Westen bis zur steinernen Treppe, die hinauf zum Jardin Dior führt. Dazwischen befinden sich Duschen, Toiletten und Strandhütten, die rege genutzt werden.

Manche meinen, der Name hänge mit dem Casino zusammen: Plat gousset kann nämlich auch mit „leere Westentasche“ übersetzt werden; wer am Spieltisch sein Geld verzockt hatte, ging dort mit leeren Taschen spazieren. Wie auch immer: Auf der Promenade, die bereits im Jahr 1859 errichtet wurde, flanieren heute Einheimische wie Touristen. Dort verbringen Angestellte aus der Umgebung ihre Mittagspause, Familien gönnen ihren Kindern nach der Schule ein Eis am nahen Kiosk, Patienten aus der oberhalb gelegenen Rehaklinik treffen sich mit Besuchern. Hier ist immer etwas los. Der eigentliche Strand ist mal mehr, mal weniger sichtbar. Mal schlägt die Flut an die Steinrampe, die von der Promenade zum Sand hinunterführt. Dann kommen bei warmem Wetter die Schwimmer und Jugendliche bevölkern den runden Sprungturm. Mal zieht das Wasser sich so weit zurück, dass der Turm wie ein einsamer Prophet auf Wüstensand steht. Dann ziehen die fleißigen Feinschmecker los, um Strandschnecken fürs Abendessen zu sammeln. Andere gehen am Rand des Meeres mit den Füßen im Wasser spazieren und sehen den Möwen zu, die ebenfalls nach Muscheln und Kleingetier picken.

Selbst wenn man jeden Tag zur selben Zeit am Plat Gousset ankommt, wird man ihn jedes Mal anders erleben: Wasserstand, Wind, Licht und Farben, alles verändert sich ständig, als würde man täglich eine neue Wundertüte öffnen. Aber eines bleibt gleich: Es macht glücklich, diese Promenade und diesen Strand zu besuchen.

TIPP

Wer sicher und überwacht baden möchte, nutzt das Meerwasserbecken am Strand.

● Le Plat Gousset, 50401 Granville

● ÖPNV: Bahnhof Granville, von dort 15 Minuten zu Fuß

Wonne, Wind und Wogen

67 Ein Segeltörn auf dem Dreimaster Le Marité

Unter geblähten Segeln Kurs aufs offene Meer nehmen, mit den Wellen schaukeln, die Sonne im Gesicht und den Wind in den Haaren spüren – was für ein sinnliches Vergnügen so ein Segeltörn ist! Ganz besonders auf einem Schiff, das nicht „auf alt gemacht" ist, sondern über den authentischen, nostalgischen Charme eines fast Hundertjährigen verfügt. Was man sonst nur aus Filmen kennt oder an Bord eines Museumsschiffs erklärt bekommt, kann man bei einer Fahrt auf dem 1923 in Fécamp gebauten Dreimastschoner Le Marité selbst erleben.

Der Dreimaster war eines der letzten Schiffe, die als Terre-Neuvier in Dienst genommen wurden; so bezeichnet man in der Bretagne und Normandie die Segler, die vor den Küsten Neufundlands auf Kabeljaufang gingen. Nach einer wechselvollen Geschichte wurde das inzwischen recht heruntergekommene Schiff 1978 von drei jungen Schweden gekauft und liebevoll restauriert. Als sie sich davon trennten, wollten sie es nur in ebenso liebevolle Hände geben, weswegen es schließlich im Jahr 2004 wieder in der Normandie landete. Besitzer ist seitdem eine öffentliche Interessengruppe, die aus mehreren Kommunen besteht, darunter die Städte Granville, Fécamp und Saint-Vaast-la-Hougue.

TIPP

Sonnenschutz und winddichte Jacke nicht vergessen!

Heute ist das Schiff, das erneut restauriert wurde, tipptopp in Form. Es liegt meist im Hafen von Granville und bietet für Gäste mehrere Törns an. Für Einsteiger gibt es einen Halbtagesausflug in die Bucht von Granville, man kann aber auch einen ganzen Tag zur Inselgruppe Chausey oder bis nach Cancale in der Bretagne segeln. Die erfahrene und gut gelaunte Mannschaft hat Le Marité bestens im Griff, aber wer mag, darf mithelfen, die insgesamt 16 Segel zu setzen oder einzuholen.

Für Landratten ist das Gewirr der vielen Leinen und Winden verwirrend. Umso stolzer ist man, wenn nach eifrigem Ziehen tatsächlich das richtige Segel in der gewünschten Position ist. Das Herumklettern in den Masten überlässt man dagegen gerne einem der Matrosen – schon das Zusehen ist aufregend!

- GIP Marité, 1 Rue des Isles, 50400 Granville, Tel. +33 2 33 50 17 03
www.lemarite.com
- ÖPNV: Bahnhof Granville, von dort 15 Minuten zu Fuß

Inselglück mal 365

68

Auf der Grande Île des Chausey-Archipels

Es ist fast unmöglich, einen bestimmten Glücksort auf der Grande Île ausfindig zu machen. Denn die einzige bewohnte Insel innerhalb des Chausey-Archipels entzückt ihre Besucher alle paar Schritte aufs Neue mit traumhaften Ecken zum Baden, Picknicken, Wandern, Klettern, Erkunden und Fotografieren.

Einen herrlichen Badetag versprechen zum Beispiel der feine Sandstrand und das klare, grün-blaue Wasser am Port Marie. Für Entdecker ist der Strand La Grande Grève mit den eigenwilligen Granitformationen besonders bei Ebbe ein Paradies: Ein beliebtes Fotomotiv ist ein Fels, der von Süden betrachtet wie ein einsamer Elefant aussieht. Auf einer Erhebung stehen Seite an Seite die „Mönche", die tatsächlich an Männer in Kutten erinnern. Je länger man umherwandert, umso mehr Figuren und Gesichter erkennt man.

Wer dem kleinen Wanderpfad bis ans Nordende der Insel folgt, stößt auf eine felsige Bucht voller ausgefallener Steinmännchen, hinter der weitere Felsen und Inseln zu sehen sind. Von einer hebt sich ein leuchtend weißer Leuchtturm ab. Man weiß gar nicht, wohin man zuerst schauen soll!

Romantiker lieben die Hafenbucht Anse à la Truelle, in der man bei Niedrigwasser die Überreste einer früheren Seenotrettungsstation sowie verrottende Wracks erkunden kann. Für Genießer sind die zwei Restaurants der nur 30 feste Einwohner zählenden Insel verlockend. Im großzügigen Gastgarten des Restaurants du Fort et des Îles kann man den Inselbesuch bei einem Cappuccino oder Eis entspannt ausklingen lassen. Gratis dazu gibt es eine tolle Aussicht auf die Boote, die am Sund ankern, und auf weitere Felsen des Archipels. Bei Ebbe sind übrigens 365 kleine und kleinste Inselchen zu sehen, bei Flut nur noch 52. Die Îles Chausey sind von wandelbarer Schönheit, denn je nach Wetter und Wasserstand zeigen sie sich in immer neuem Licht, Farben und Formen. Der verheißungsvollste Ort auf der Grande Île ist daher der Landungssteg: Dort beginnt bei jedem Besuch eine neue Tour ins Inselglück.

TIPP

Mit etwas Glück kann man während der Bootsfahrt zur Insel Delfine beobachten.

- Iîles Chausey, 50400 Granville
- ÖPNV: mit dem Boot von Granville aus, www.vedettesjoliefrance.com

Ein Fest für die Sinne

69

Auf dem Wochenmarkt in Villedieu-les-Poêles

Es gibt viele nette Wochenmärkte im Département Manche, auf denen sich Einheimische und Touristen beim Schauen und Kaufen vergnügen. Aber der große Markt, der jeden Dienstagvormittag in der alten Handwerkerstadt Villedieu-les-Poêles stattfindet, ist eine Klasse für sich.
Zum einen ist er einer der größten Märkte der Region, auf dem es trotzdem kein unangenehmes Gedränge gibt. Die Stände verteilen sich nämlich auf vier Plätze: Auf der Place de la République und der Place du Presbytère bieten die Bauern und Gärtnereien aus der Umgebung Obst, Gemüse und Blumen an, dazu gesellen sich die obligatorischen fliegenden Händler mit Tischdecken, Wäsche, Tüchern, T-Shirts und Kleidern. Ums Eck, auf der Place des Costils, gibt es ein reiches Angebot an Taschen, Leder- und Korbwaren, teilweise in schöner handwerklicher Qualität.
Der Höhepunkt des Marktbesuchs ist der Bummel über die Place des Halles, denn dort tummelt sich alles, was das Feinschmeckerherz höherschlagen lässt: Käsewagen mit so vielen Sorten, dass die Auswahl schwerfällt, Fleisch- und Wurstwaren vom Feinsten, Stände mit frischem Fisch und Meeresfrüchten, die auf wahren Eisbergen gekühlt werden. Dazwischen wabern die wohlriechenden Schwaden der Wurstbraterei, vor der sich gegen Mittag lange Schlangen bilden. Besonders beliebt ist die Galette Saucisse, eine in einen Buchweizenpfannkuchen gewickelte Bratwurst, die man aus der Hand isst – eine Spezialität der Region, die man probieren sollte! Obwohl sie Konkurrenz hat: Nebenan duftet es verlockend nach asiatischem Wokgemüse und natürlich darf der Crêpes-Wagen nicht fehlen. Ja, ein Bummel über diesen Markt ist ein wahres Fest für die Sinne.
Dazu trägt auch der Rahmen bei, in dem er stattfindet: Der historische Stadtkern ist nicht nur restauriert und gepflegt, sondern auch von echtem städtischen Leben erfüllt. Kleine Läden und Galerien laden zum Stöbern ein. In den Cafés und Restaurants sitzen nicht nur Touristen, hier treffen sich auch die Einheimischen. Echt authentisch.

TIPP

Wer seine Galette lieber im Sitzen isst, kann dies in der Crêperie L'Agora an der Place des Halles.

- Wochenmarkt, 50800 Villedieu-les-Poêles
- ÖPNV: Bahnhof Villedieu-les-Poêles, von dort 15 Minuten zu Fuß

Die Glasmagierin

70

Im Glasatelier La Chaleur du Verre bei Jobourg

Ein Besuch im Atelier von Laurence van Hooland fühlt sich an wie das Stöbern in einer Schatzkammer. In jedem Winkel, in jeder Vitrine und jedem Regal gibt es neue Kostbarkeiten zu bewundern: Auf einem Metallgestänge leuchten Glasperlen in den verschiedensten Farben, an einer Pinnwand funkeln Kettenanhänger, an der nächsten Ohrringe in den unterschiedlichsten Größen und Formen. Auf kleinen Holzkegeln stecken Ringe, die einen Maharadscha neidisch machen könnten. Dazu kommen kunstvoll gestaltete Alltagshelfer wie Brieföffner, Käsemesser, Kugelschreiber, Aschenbecher, Kommodenknöpfe, Weinflaschenverschlüsse und Lampen. Und liebevoll designte Dekoobjekte wie Bilder oder Kugelaquarien mit exotischen, bunten Fischen darin. Diese wirken erstaunlich echt, obwohl auch sie vollständig aus Glas bestehen.

TIPP

Ein Abstecher zum wildromantischen Felsenkap Nez de Jobourg liegt nahe und lohnt sich.

Was für eine faszinierende Vielfalt! Faszinierend ist auch, was die Künstlerin in mühevoller Handarbeit in ihre Objekte hineinzaubert: Sie kreiert Verbindungen aus unterschiedlich gefärbtem Glas, arbeitet Gold, Silber, Palladium oder Kupfer hinein oder Luftblasen. Dabei verleiht sie ihren Schöpfungen eine fast magisch anmutende Tiefe und Lebendigkeit. Anders als Glasbläser arbeitet sie bei vergleichsweise niedrigen Temperaturen von 800 bis 1200 Grad, um das zähflüssige Material behutsam nach ihren Vorstellungen formen zu können.

Fische und Frösche kreiert sie besonders gerne. Wieso gerade diese Tiere? Weil sie in Fischen alle Farben unterbringen kann, erklärt Laurence lächelnd. Und Frösche, weil sie so viele unterschiedliche Posen einnehmen können und einfach niedlich sind. Und ja, das sind sie tatsächlich.

Da sie jeweils 15 Jahre in München und in Wien gelebt hat, spricht die Glasmagierin ein perfektes, weiches Deutsch und freut sich über jede Gelegenheit, es anzuwenden. Als Besucher spürt man bei ihr nicht nur die Wärme des Glases *(la chaleur du verre)*, sondern auch eine Herzenswärme, an die man sich beim Betrachten ihrer Kunstwerke zu Hause noch gerne erinnert.

● Chaleur du Verre, 2 Hameau Bouchard, Jobourg, 50440 La Hague, Tel. +33 9 80 33 99 94, www.chaleur-du-verre.fr

Merci de ne pas décrocher
les objets

Wie gemalt

71 Am Aussichtspunkt Landemer bei La Hague

Ganz ruhig dastehen, durchatmen, den Blick weiten und spüren, wie die Seele ihre Flügel ausbreitet – wo könnte man das besser als an diesem Aussichtspunkt, 70 Meter hoch über dem Meer? Die braun-grüne Küstenlinie hebt sich wie gemalt vom tiefblauen Meer ab, man erahnt kleine Buchten und ferne Strände, spürt die leichte Brise und fühlt die Wanderlust in sich aufsteigen.

„Wie gemalt" trifft buchstäblich zu, denn genau diesen Küstenabschnitt hielt Jean-François Millet 1871 auf einem Gemälde fest, das auf einer Tafel an der Aussichtsterrasse abgebildet ist. Damals war er bereits als einer der Meister der Schule von Barbizon berühmt. Mit dem Sujet knüpfte er an seine Wurzeln an, denn er stammte aus dem nahen Weiler Gruchy. In seiner Kindheit und Jugend war er auf den Klippen herumgeklettert, die er viele Jahre später detailgetreu im Stil des Realismus abbildete.

Der Wanderlust kann man ohne Weiteres nachgehen, denn der Aussichtspunkt Landemer ist ein Einstiegspunkt in den insgesamt 446 Kilometer langen Küstenwanderweg Sentier des Douaniers (GR223, „Zöllnerweg"). Am Küstenabschnitt bei Landemer finden sich weitere Tafeln mit Gemälden von Millet. Wenn es eine Tagestour werden soll, bietet sich die 21 Kilometer lange Etappe bis zum Cap de la Hague an. Sie ist eine der schönsten Strecken auf dem Zöllnerweg und führt über die Klippen westwärts, zu kleinen und wenig frequentierten Stränden, vorbei an einem alten Fort und dem kleinsten Hafen Frankreichs, dem Port Racine.

Der Aussichtspunkt Landemer ist aber nicht nur für Künstler und Wanderer inspirierend, er hatte in weniger friedlichen Zeiten auch strategische Bedeutung. Schließlich überblickt man von hier einen fast 30 Kilometer langen Küstenabschnitt. Deswegen finden sich an den Klippen Bunkeranlagen, die im Zweiten Weltkrieg von der Wehrmacht als Teil des Atlantikwalls errichtet wurden. Welch ein Glück, dass sie heute nur noch von historischem Interesse sind!

TIPP

Jean-François Millets Geburtshaus in La Hague ist heute ein Museum.

● Aussichtspunkt Landemer, Urville-Nacqueville, 50460 La Hague

Rauschende Wasser

72 Die Cascades von Mortain-Bocage

Wasserfälle sind Naturschauspiele, von denen sich viele Menschen unwiderstehlich angezogen fühlen. Um die belebende Wasserfallenergie zu spüren, muss man nicht unbedingt in die Alpen oder Pyrenäen fahren, man kann auch einen Ausflug in die Normannische Schweiz machen. In Mortain, am südwestlichsten Ausläufer dieser bergigen Region, gibt es gleich zwei Wasserfälle, die einen Besuch lohnen.
Der kleinere, La Petite Cascade, wird durch den Cançon gebildet, ein Bächlein, das sich durch eine enge Klamm windet. Ein schmaler Wanderweg erschließt diese verwunschene Landschaft aus Wasser und Felsen. Der Legende nach lebten dort Feen und kleine Kobolde mit spitzen Ohren – und wer weiß, ob sie das nicht heute noch tun? Folgt man dem mit roten Kobold-Wegweisern beschilderten Weg, entdeckt man als weitere Sehenswürdigkeiten noch eine Felsnadel sowie eine uralte Kapelle.
Während der kleine Wasserfall sich hübsch erwandern lässt, lädt der große, La Grande Cascade, nördlich von Mortain zum längeren Verweilen ein. Die Cance, ebenfalls eher ein Bach als ein Fluss, hat sich dort mit unermüdlicher Energie einen Weg durch den Sandstein gegraben und stürzt sich über mehrere Felsstufen über 25 Meter in die Tiefe. Damit liegt in diesem lauschigen Tal immerhin der größte Wasserfall Westfrankreichs. Er ist daher kein Geheimtipp, sondern zieht an schönen Tagen etliche Wanderer und Ausflügler an. Da es am rauschenden Bach unterhalb des Wasserfalls reichlich Rast- und Picknickgelegenheiten in Form von kleinen Lichtungen und freien Uferstellen gibt, ist aber genug Platz für alle. Während die einen riesige Kühltaschen mitbringen und sich zum üppigen Mahl niederlassen, nutzen andere den Bach für ein erfrischendes Bad. Geübte Einheimische klettern sogar die Felsen am Wasserfall hinauf und lassen sich in der Gumpe auf halber Höhe ordentlich durchsprudeln. Für unerfahrene Besucher ist das aber nicht zur Nachahmung empfohlen!

TIPP

Die Felsnadel und die Wände vor der Petite Cascade sind tolle Ziele für Sportkletterer.

- La Grande Cascade, 50140 Mortain-Bocage
- ÖPNV: Haltestelle Mortain-Bocage, Office de Tourisme, von dort sind beide Wasserfälle ausgeschildert

Auf Entdeckertour im Sumpf

73 Der Naturpark Marais du Cotentin et du Bessin

Auch auf der Halbinsel Cotentin hat man wie in ganz Europa Sumpflandschaften früher trockengelegt, um die vermeintlich wertlosen Flächen landwirtschaftlich nutzbar zu machen. Heute, da man um die Bedeutung der Sümpfe und Moore als CO_2-Speicher und Horte der Artenvielfalt weiß, werden sie geschützt. So auch in diesem Regionalpark bei Carentan, der das Naturschutzgebiet Marais des Ponts d'Ouve und damit ein Gelände von etwa 100 Hektar umfasst. Termine für geführte Touren und Veranstaltungen stehen auf der Website.

Ausgangspunkt für seine Erkundung auf eigene Faust ist das Maison du Parc mit Toiletten, Laden und wechselnden Ausstellungen. Vor dem Haus liegt ein Lehrgarten, der Ideen und Inspirationen für eine naturnahe Gartengestaltung gibt: vom Insektenhotel über die Anlage von Hügelbeeten und das richtige Kompostieren bis hin zum dekorativen Öko-Zaun aus geflochtener Weidenrute.

Hinter dem Garten beginnen mehrere „Entdeckerpfade", die über eine Länge von insgesamt 6 Kilometern durch die nur auf den ersten Blick unscheinbare Landschaft führen: Sie besteht aus Magerwiesen, die von Wassergräben durchzogen sind, Baumreihen, Hecken und Röhricht sowie kleinen Tümpeln. An den Wasserflächen im Park befinden sich mehrere Beobachtungsstationen, von denen aus man je nach Jahreszeit die unterschiedlichsten Vogelarten beobachten kann, darunter Silberreiher, Störche, Sumpfschnepfen, Schilfrohrsänger und Haubenkiebitze. Ihre Fotos und Steckbriefe findet man in den Stationen. Welch ein entspannender Zeitvertreib, den Vögeln beim Ruhen zuzusehen und dabei herauszufinden, um welche Art es sich wohl handelt!

Überhaupt wird in diesem friedlichen Sumpfgelände der Blick für Naturdetails geschärft. Er fällt auf tanzende Schmetterlinge, rot leuchtende Beeren, sich wiegende Binsen, grasende Pferde und Rinder auf den Nachbargrundstücken. Hier findet man das kleine Glück eines geruhsamen Spaziergangs durch eine von vielfältigem Leben erfüllte Landschaft.

TIPP

Es lohnt sich, für die Vogelbeobachtung ein gutes Fernglas mitzunehmen!

● La Maison du Parc, 3 Village Ponts d'Ouve, Saint-Côme-du-Mont, 50500 Carentan-les-Marais, Tel. +33 2 33 71 65 30, www.parc-cotentin-bessin.fr

Sanfter Charmeur

74 Plage de la Potinière in Carteret

Nein, ein Geheimtipp ist das sicher nicht. Schließlich ist Carteret (heute Teil der Doppelgemeinde Barneville-Carteret) einer der bekanntesten Badeorte auf der Halbinsel Cotentin und das schon seit Ende des 19. Jahrhunderts. Der Strand – seinen Namen verdankt er dem 1910 erbauten Strandlokal La Potinière (wörtlich: Der Tratsch-Treff) – liegt unterhalb des malerischen Cap de Carteret und ist so flach, dass das Wasser sich bei Ebbe sehr weit zurückzieht. Bedeckt ist er von feinem Sand, aus dem stellenweise braungraue Schieferfelsen ragen. Er wirkt nicht wild oder aufregend, sondern sanft und einladend. Ein echter Charmeur unter den normannischen Stränden.

Seinen ganzen Zauber entfaltet der Strand von Carteret in der Vor- oder Nachsaison, wenn er tagsüber nur wenige Besucher anzieht. Dann kann man sich ein windstilles Plätzchen zum Sonnen suchen und die Ruhe genießen. Noch mehr Spaß macht es freilich, bei Niedrigwasser auf Erkundung zu gehen, nordwärts um das Cap herumzuwandern und die extravaganten Felsformationen zu bestaunen. Auf halber Höhe der Felsnase erkennt man ein früheres Zöllnerhäuschen. Wenn man weitergeht, erreicht man den weiten, wilden Dünenstrand von Hatainville, der bei Surfern und Anglern beliebt ist. Ihn könnte man stundenlang entlangwandern.

TIPP

Zwischen 18 und 20 Uhr ist Happy Hour in der Strandbar La Potinière.

Man sollte allerdings das Meer im Blick behalten und zurückkehren, bevor es die Felsen am Cap komplett überspült. Dann kann man südwärts bis zur Hafenmole von Carteret spazieren und sich schließlich in den hinteren Teil der Bucht zurückziehen. Dort steht auf einer von großen Felsbrocken geschützten Promenade eine lange Reihe hübscher, weiß-blauer Badehütten, vor denen man noch ein paar Sonnenstrahlen genießen kann, bevor man sich zum Sundowner auf die Terrasse des Lokals La Potinière zurückzieht. Die sinkende Sonne belegt die Bucht und den Strand endgültig mit einem Zauber: Wer in seinen Bann gerät, möchte einfach nicht mehr weg.

- Plage de la Potinière, 50270 Barneville-Carteret
- ÖPNV: Haltestelle Barneville-Carteret, Le Valnotte, von dort 20 Minuten zu Fuß

In der Teufelsschlucht

75 La Brèche au Diable bei Potigny

Eng und felsig ist die Schlucht, durch die sich der Fluss Laizon zwängt, von üppigem Grün umwuchert, durch das die Sonne nur teilweise dringt. Ein Ort voll urwüchsiger Kraft und Lebendigkeit. Kein Wunder, dass sich viele Geschichten und Legenden darum ranken. Aber dass er seine Entstehung ausgerechnet dem Höllenfürsten verdanken soll, mutet doch seltsam an.

Es gibt mehrere Fassungen dieser Legende; ihre Gemeinsamkeit besteht darin, dass der Teufel den Durchbruch für den Bergbach schuf und der heilige Quentin irgendwie in die Sache verwickelt war. Letzterer soll als Eremit in der Gegend gelebt haben. Eine ihm geweihte Kapelle aus dem 13. Jahrhundert steht auf einem Hügel oberhalb der Schlucht, dem Mont Joly. Dieser wiederum trägt den Namen der Schauspielerin Marie Joly, die hier gerne weilte. Als sie 1798 mit nur 37 Jahren starb, ließ ihr Mann ihr ein anrührendes Grabmal errichten, das heute mehr Pilger anzieht als die frühere Wallfahrtskirche des heiligen Quentin.

Schlucht, Kirche und Grab sind nicht nur durch Geschichten miteinander verbunden, sondern auch durch einen etwa 5 Kilometer langen Rundwanderweg, der im Ort Potigny an der Kirche startet; eine Wanderkarte gibt es im Office du Tourisme. Wer auf kürzestem Weg zur Schlucht will, kann auch vom kleinen Parkplatz am Weiler Saint Quentin losgehen und gelangt nach 5 Minuten an den Laizon, der am Ausgang der Schlucht über einen kleinen Wasserfall herunterplätschert und sich anschließend zu einem flachen Gewässer ausbreitet. Man muss einfach die Schuhe ausziehen und ein bisschen darin herumwaten. Ein rundes Steinbecken steht mitten im Bachbett. Wozu es wohl einst diente?

Auf einer Holzbrücke überquert man das Bachbett, dann führt ein steiler Pfad aufwärts, an hohen, glatten Sandsteinwänden entlang. Oben angekommen, blickt man auf die andere Seite der Schlucht und die Rückseite des Joly-Grabmals, das nah an der Felskante steht. Der Abstieg ist ein bisschen kniffelig, aber mit Wanderschuhen gut zu schaffen.

TIPP

Das Grab von Marie Joly kann im Sommerhalbjahr jeden Sonntagnachmittag besichtigt werden.

- La Brèche au Diable, 14220 Soumont-Saint-Quentin
- ÖPNV: Haltestelle Potigny, Mairie

Schleckermäulchenparadies

76

La Maison du Biscuit in Sortosville

Wenn man dieses Ensemble auf halber Strecke zwischen Bricquebec-en-Cotentin und Barneville-Carteret das erste Mal erblickt, traut man seinen Augen kaum: In einem winzigen Straßendorf, das nur aus einer Handvoll Häusern besteht, liegt plötzlich rechts der Straße ein großer Parkplatz. Zur Linken steht ein Häuserzug, der aussieht, als habe ihn eine Zeitmaschine im Jahr 1900 aus einer Kleinstadt entführt und 120 Jahre später hier abgesetzt. Sieben Häuschen in unterschiedlichen Farben und Größen reihen sich aneinander, alle haben im Erdgeschoss detailreich gestaltete Ladenfassaden.

„Fassade" ist das richtige Stichwort, denn wer durch das rote Jugendstilportal in der Mitte des Ensembles schreitet, stellt schnell fest, dass sich dahinter in Wirklichkeit ein einziges Ladengeschäft verbirgt. Freilich eines, dessen Inneneinrichtung ebenso nostalgisches Flair verströmt wie das Äußere. Man wandelt durch verwinkelte Räume, in denen dunkle Holzregale auf Dielen- oder Fliesenboden stehen. Gefüllt sind sie mit einer verschwenderischen Fülle an Leckereien: Marmeladen und Gelees aus allen möglichen Früchten, edle Kaffeesorten und exquisite Tees, exotische Gewürze, Essig, Öl und Senf, hochwertige Konserven und Fertiggerichte wie Fischsuppen im Glas sowie eine große Auswahl an Wein, Cidre und Spirituosen. Wer sich nicht gleich am Eingang einen Einkaufskorb geschnappt hat, holt sich spätestens einen, wenn er bei den Süßigkeiten angekommen ist: Schokoladen, getrüffelte Pralinen, Bonbons, Karamell und natürlich Kekse in unzähligen Varianten, sei es mit Marzipan, Schokolade, Kokos, Karamell, Rosinen, Nüssen oder auch „pur" als typisch normannische Sablés.

Ohne die Kekse gäbe es dieses verführerische Einkaufsparadies für Schleckermäulchen nicht, denn es verbirgt die dahinterliegenden Produktionshallen der Keksmanufaktur Burnouf. Sie wurde im Jahr 1903 gegründet und ist seit fünf Generationen im Familienbesitz – und hat die Gegenwart ganz ohne Zeitmaschine erreicht.

TIPP

Sonntagmorgens kann man im gemütlichen hauseigenen Café frühstücken – ein schöner Start in den Tag!

● La Maison du Biscuit, Le Hameau Costard, 50270 Sortosville-en-Beaumont, Tel. +33 2 33 04 09 04, www.maisondubiscuit.fr

● ÖPNV: Haltestelle Sortosville-en-Beaumont, Maison du Biscuit

POSTE RURALE
CORRESPONDANT
CAFE
EPICERIE
SPIRITUEUX
WHISKIES
GALERIE MODERNE
ARTICLES DE SURETE
A LA MENA

Auf den Spuren der Pilger

77 Zu Fuß durch die Bucht zum Mont-Saint-Michel

„Der Weg ist das Ziel!“ Selten trifft diese Erkenntnis mehr zu als bei der Traversée de la Baie du Mont-Saint-Michel: Der Weg ist ein pures Wandervergnügen, bei dem man nebenher noch eine lang anhaltende Fußreflexzonenmassage mit Elementen der Thalassotherapie genießen darf. Schließlich wandert man barfuß über den Sandboden der Bucht und durchwatet mindestens einen Wasserlauf. Das Ziel, die unverwechselbare, kegelförmige Silhouette des heiligen Berges, hat man während der gesamten Wanderung vor Augen. Je näher man ihm kommt, desto klarer werden seine Konturen, umso heller glänzt die vergoldete Figur des Erzengels, der sein Schwert über dem Turm der Klosterkirche zum Himmel reckt.

Man startet bei Ebbe am Festland, stapft über ein Stück Wiese hinunter zur Bucht, dann durch zähen, grauen Schlick, bevor man den festen, glatten Sandboden der Bucht erreicht. Fest ist er allerdings nicht überall; wer sich nicht auskennt und nicht aufpasst, kann auch im Treibsand landen. Schon deswegen empfiehlt es sich, die Wanderung nur in Begleitung eines zertifizierten Führers zu machen. Aber auch wegen all der spannenden Geschichten rund um den Berg und der Informationen über die Flora und Fauna, die man sonst verpassen würde. Beispielsweise, dass heute wieder Seehunde in der Region leben, die sich auf der Suche nach Fisch mit der Flut in die Bucht treiben lassen. Oder dass die Herzmuschel lange vor der Jakobsmuschel das Symbol der Pilger war, weil auf ihr alle Rillen nach oben führen, so wie alle Wege aus der Bucht hinauf zur Merveille führen, zur Kirche auf dem Mont-Saint-Michel.

Schließlich ist das nicht irgendein Weg, sondern einer mit fast tausendjähriger Tradition von Pilgern. Schritt für Schritt, mit bloßen Füßen und immer froherem Herzen. Nach etwa zweieinhalb Stunden kommt man schließlich am großen Tor an; nach der ruhigen Wanderung ist das quirlige Treiben dort fast einschüchternd. Das Wanderglück findet sich aber bald wieder ein – auf dem Rückweg durch die Bucht.

● Traversée de la Baie du Mont-Saint-Michel, Startpunkt: z.B. Le Bec d'Andaine, 50530 Genêts oder am Écomusée de la Baie du Mont-Saint-Michel, Route du Grouin du Sud, 50300 Vains, www.ot-montsaintmichel.com/je-prepare/itinerance-et-traversees-de-la-baie/traversees-de-la-baie (Liste der zertifizierten Guides mit Online-Buchungstool)

Zu Gast bei Freunden

78 Die Crêperie Cour Sarrasine in Valognes

Ein kleines, gemütliches Restaurant, in dem man sich sofort so wohlfühlt, als säße man bei Freunden im Wohnzimmer. Dass dieses Gastgeberkunststück in der kleinen Crêperie in der Altstadt von Valognes so perfekt gelingt, liegt daran, dass man tatsächlich im Haus des Gastgebers Platz nimmt – in seinem privaten Wohnzimmer, bei schönem Wetter draußen auf seiner Terrasse. Erstaunlicherweise fühlt man sich in diesem sehr persönlichen Ambiente vom ersten Besuch an nicht als Eindringling, sondern willkommen und heimisch.

Aber nicht nur die Räumlichkeiten sind ungewöhnlich. Vielleicht liegt es daran, dass Pascal, der Inhaber und Koch, ein Gastronomie-Quereinsteiger ist. Jedenfalls liebt er es, seiner Kreativität in der Küche freien Lauf zu lassen. So erfindet er laufend neue, ausgefallene Varianten der klassischen Buchweizen-Galette (daher auch der Name Cour Sarrasine, deutsch „Buchweizen-Hof"). Er serviert sie beispielsweise deftig mit Ente, Cidre-Confit, Quinoa und Zucchinigemüse. Oder mit Schweinebraten und Apfelsauce samt Grillgemüse. Gerne bereitet er sie auch exotisch zu, zum Beispiel auf japanische Art mit Kohl, grünen Zwiebeln und rotem Ingwer. Oder als vietnamesische Variante aus Reismehl mit einer Garnelen-Kokosmilch-Mango-Füllung.

TIPP

Das Lokal umfasst nur wenige Plätze. Am Wochenende besser vorab reservieren.

Auf der Karte stehen immer zwei solcher Kreationen „nach Lust und Laune des Chefs" *(les humeurs du chef)*. Da diese Launen häufig wechseln, wird den Gästen nie langweilig. Wer nicht ganz so experimentierfreudig ist, kann sich daneben aber jederzeit seine Lieblingskombination aus einer festen Zutatenliste selbst zusammenstellen, auch vegetarisch. So findet garantiert jeder etwas, das ihm schmeckt. Als Nachspeise gibt es süße Crêpes in ebenfalls köstlichen Kombinationen und eine Auswahl an feinen Kaffeesorten.

Pascal legt Wert auf gute Zutaten aus der Region, die er vorzugsweise in Bioqualität verwendet. Das Mehl kauft er beispielsweise von einer traditionellen Steinmühle, Eier, Butter und Crème fraîche von Bauernhöfen aus der Umgebung.

- La Cour Sarrasine, 53 Rue des Religieuses, 50700 Valognes, Tel. +33 2 33 95 19 07 www.cour-sarrasine.fr
- ÖPNV: Bahnhof Valognes, von dort 15 Minuten zu Fuß

COUR
SARRASINE

In der Glockenkinderstube

79 Die Fonderie de Cloches Cornille Havard

„Fest gemauert in der Erden steht die Form, aus Lehm gebrannt." Die ersten Verse von Schillers „Lied von der Glocke" kommen einem sofort in den Sinn, wenn man die Glockengießerei Cornille Havard besichtigt. Denn wie zu Schillers Zeiten werden dort noch heute Gussformen aus Ton verwendet, ist die Produktion reine Handarbeit, die viel Können und Erfahrung verlangt. Überhaupt scheint in dieser 1865 erbauten Manufaktur die Zeit stillzustehen: Gebäude, Kamin, Regale und der gestampfte Fußboden wirken, als seien sie seit über 150 Jahren unverändert. Nur die alles bedeckende Staubschicht wurde im Lauf der Jahrzehnte möglicherweise etwas dicker.

Wer bei der Führung durch die Produktion genau hinsieht und hinhört, erkennt durchaus einzelne Elemente moderner Technik. So wird das Frequenzspektrum neuer Glocken heute elektronisch festgelegt und gemessen, die Profile werden am Computer modelliert und natürlich sind die Öfen und Werkzeuge strombetrieben. Aber die eigentliche Fertigung erfolgt ganz und gar manuell. Die alte Anlage im Herzen der Produktionshalle (zu ihr gehört der markante Schornstein), in der die großen Glocken mit einem Gewicht von über 500 Kilogramm gegossen werden, wird sogar noch mit Holz beheizt. Freilich kommt das nur noch vier- oder fünfmal im Jahr vor, denn die Nachfrage nach Glocken von Schiller'schem Ausmaß ist nicht mehr allzu groß. Dafür ist die Kundschaft heute international. In der Glockengießerei ist man stolz darauf, dass die Glocken aus der alten Handwerkerstadt Villedieu-les-Poêles ins europäische Ausland, in den Nahen Osten und bis nach Asien reisen.

TIPP
Auch das Atelier du Cuivre in Villedieu bietet Führungen an und lohnt den Besuch.

Für Besucher ist es hochinteressant, sich das alte Handwerk zeigen und erklären zu lassen. Es ist eine Freude zu beobachten, wie konzentriert und andächtig die Mitarbeiter ihren Tätigkeiten nachgehen. Und es ist beglückend zu erleben, dass sich nicht alles ständig verändern muss, sondern manches so bleiben kann, wie es sich seit Jahrhunderten bewährt hat.

● Fonderie de Cloches Cornille Havard, 10 Rue du Pont Chignon, 50800 Villedieu-les-Poêles, Tel. +33 2 33 61 00 56, www.cornille-havard.com
● ÖPNV: Bahnhof Villedieu-les-Poêles, von dort 15 Minuten zu Fuß

Ablegen und ankommen

80 Am Hafen von Barfleur

Es hat einen großen Ruf, ist aber klein: Nur rund 500 Einwohner zählt das berühmteste Dorf der Halbinsel Cotentin, das zudem – völlig zu Recht – als eines der schönsten Dörfer Frankreichs ausgezeichnet wurde. Die meist aus Granit erbauten Häuser schmiegen sich in einem weiten Bogen um den Hafen, der einst der bedeutendste der gesamten Normandie war.

Der Überlieferung nach hat Mathilde, die Frau von Wilhelm dem Eroberer (der damals noch gar kein Eroberer war), in Barfleur die Mora bauen lassen, das Schiff, das ihn im Jahr 1066 von der Somme-Mündung bis nach Hastings trug. Darauf ist man im Dorf bis heute stolz, wie eine auf einem großen Stein befestigte Plakette am Hafeneingang zeigt.

Man muss kein Eroberer sein, um am Hafen von Barfleur das Glück zu finden. Es genügt, den Fischer- und Sportbooten zuzusehen, die abenteuerlustig aufs Meer hinausfahren, den Jugendlichen, die (verbotenerweise) vom Ende der Mole ins Wasser springen, und den Touristen, die in den kleinen Lokalen glücklich ihre Moules Frites und Meeresfrüchteplatten verzehren. Auf den großen, vom Wasser rund geschliffenen Felsen am nördlichen Hafenausgang kann man herumbalancieren, die Möwen fotografieren und beobachten, wie der Wasserpegel mit den Gezeiten steigt und fällt. Und dann gerät man ins Sinnieren: Wie sah es hier wohl aus, als die Wikinger im 9. Jahrhundert erstmals an Land gingen und ihre Siedlungen gründeten? Wie anders wäre die englisch-französische Geschichte verlaufen, wenn im Jahr 1120 die Blanche Nef nicht vor Barfleur gesunken wäre? Mit dem Schiff waren auch der Sohn und Thronfolger von Heinrich I. sowie ein großer Teil der jungen normannischen Aristokratie verloren. Wie bunt war das Treiben, wenn im Mittelalter die englischen Pilger im Hafen von Bord gingen, um weiter zum Mont-Saint-Michel zu ziehen? Und so träumt man am Hafen von Barfleur vor sich hin und freut sich, dass hier nach über 1000 Jahren immer noch Reisende aus anderen Ländern eintreffen – und sei es nur für einen Tagesausflug.

TIPP

Sehr gute Muscheln und leckeren Café Gourmand gibt es im Café de France am Quai Henri Chardon.

- Quai Henri Chardon, 50760 Barfleur, www.barfleur.fr
- ÖPNV: Haltestelle Barfleur, Mairie

Bibliografische Informationen der Deutschen Nationalbibliothek
Die Deutsche Nationalbibliothek verzeichnet diese Publikation in der Deutschen Nationalbibliografie; detaillierte bibliografische Daten sind im Internet über http://dnb.d-nb.de abrufbar.

2., aktualisierte Auflage 2024
Konzeption/Satz: Droste Verlag, Düsseldorf
Einbandgestaltung und Illustrationen: Britta Rungwerth, Düsseldorf, unter Verwendung von Bildern von © Fotolia.com: jd – photodesign.de; © iStock: Plociennik Robert
Fotos: S. 9 – S. 87: Hilke Maunder, www.meinfrankreich.com
S. 89 – S. 167: Barbara Kettl-Römer, www.meerwanderungen.de

FSC
www.fsc.org
MIX
Papier | Fördert gute Waldnutzung
FSC® C011279

Druck und Bindung: LUC GmbH, Greven
ISBN 978-3-7700-2624-1

www.droste-verlag.de